# Cuando complacer a otros le hace daño

# Cuando complacer a otros le hace daño

APRENDA
A CREAR
RELACIONES
SALUDABLES

## DR. DAVID HAWKINS

**PORTAVOZ**

La misión de *Editorial Portavoz* consiste en proporcionar productos de calidad —con integridad y excelencia—, desde una perspectiva bíblica y confiable, que animen a las personas a conocer y servir a Jesucristo.

Título del original: *When Pleasing Others is Hurting You* © 2008 por David Hawkins y publicado por Harvest House Publishers, Eugene, Oregon 97402. Traducido con permiso.

Edición en castellano: *Cuando complacer a otros le hace daño* © 2010 por David Hawkins y publicado por Editorial Portavoz, filial de Kregel Publications, Grand Rapids, Michigan 49501.

Traducción: Mercedes De la Rosa-Sherman

EDITORIAL PORTAVOZ
P.O. Box 2607
Grand Rapids, Michigan 49501 USA

Visítenos en: www.portavoz.com

ISBN 978-0-8254-1296-7

2 3 4 5 / 14 13 12 11 10

*Impreso en los Estados Unidos de América*
*Printed in the United States of America*

*Este libro está dedicado a los valientes hombres y mujeres que luchan contra corriente para establecer límites más saludables que crearán para ellos la vida a la que Dios les ha llamado.*

# Reconocimientos

Escribir un libro es una tarea enorme y hay muchas personas que ayudan y alientan tras bastidores. Yo asumo la responsabilidad del producto final pero mi manuscrito fue mejorado por muchas personas capaces. Me gustaría mencionar a algunas de ellas, pues sé que no las puedo mencionar a todas.

Deseo dar las gracias a toda la "familia" de Harvest House Publishers, desde el presidente de la compañía, Bob Hawkins, hasta el personal de ventas, mercadeo y editorial, por creer en este proyecto y ayudarme a crear el mejor libro posible. Trabajar de cerca con ellos para ver este libro terminado fue tanto un reto como una experiencia afirmadora y doy las gracias por la oportunidad de trabajar con tantas personas maravillosas. ¡Sus libros aportan mucho!

De manera más específica, a mi corrector personal, Gene Skinner, la persona que me asignaron y que una vez más ha participado activamente para mejorar el manuscrito y exhortarme a escribir. Su trabajo muchas veces es invisible o no recibe reconocimiento, tal vez ni siquiera de mi parte. Sin embargo está presente, edificando, dando vida y haciendo un libro más sólido y potente. Su nombre merece estar en la portada junto al mío. Gracias otra vez, Gene.

Una vez más he tenido la fortuna de contar con Terry Glaspey, amigo, escritor capaz y corrector de Harvest House, como mi "defensor personal de ideas". Él sabía que había que escribir este libro y lo dijo. Quiero que sepas, Terry, que tu aliento es especial para mí.

Todos los días debo dar las gracias a Christie y a Jim, los cuales han leído el manuscrito de manera crítica pero amable y me han ayudado a buscar formas de dar vida a mis escritos y al mensaje de este libro. Escribir un libro es una tarea que toma tiempo, y fue preciso alterar y fortalecer el manuscrito de muchas formas. Quiero que sepan los dos lo valiosos que fueron sus consejos y sugerencias para mí.

Tengo la fortuna de tener muchos otros exhortadores en mi vida. Algunos de los que han aplaudido al artista renuente que hay en mí son mis hijos, Joshua y Tyson, y mi amiga Judy. Gracias por apoyarme a mí y a mis escritos.

Por último, quiero dar las gracias a los hombres y las mujeres con los que he trabajado profesionalmente (cuyos nombres se han cambiado si se han usado de alguna manera en este libro por razones de anonimato), quienes me han enseñado la importancia de ser fieles a nuestra naturaleza singular. A medida que escucho sus historias me asombro de su valor para aprender nuevas habilidades, establecer nuevos límites y buscar incansablemente su verdadera naturaleza de manera que se puedan elevar a nuevas alturas. Espero que mi consejo les haya exhortado, aunque fuera un poco, para volver a descubrir su verdadero curso.

# Contenido

# Perdido en su propio patio

La gente se pierde todos los días: en bosques musgosos, en barrancas desérticas y en callejones urbanos. Sin embargo, el enfoque de este libro está en aquellos que se pierden en la comodidad de sus hogares, en actividades cotidianas familiares, en la crianza de una familia, en el trabajo y en su papel de esposa y madre. Y lo que es más importante, este libro trata de cómo buscar la forma de tener una mejor relación con Dios, con su cónyuge y con usted mismo.

Si usted fuera a excursionar por un territorio inexplorado, haría bien en llevar una brújula para asegurarse de encontrar el camino. Desdichadamente, muchas personas intentan navegar el confuso terreno de las relaciones sin ayuda. Creen que saben dónde están y adónde van, pero tal vez no sean conscientes de los peligros que hay junto al camino que los puedan distraer. Les falta la guía emocional y espiritual que les puede ayudar a permanecer fieles a la persona que Dios les ha llamado a ser.

¿Cómo es posible que una persona se pierda en terreno conocido? El libro *Cuando complacer a otros le hace daño* le mostrará cómo puede desviarse sin querer del camino que se había trazado. Por ejemplo, puede ignorar sus propias emociones hasta que ya no sabe lo que siente. Puede ignorar sus preferencias y con el tiempo olvidar lo que es importante para usted. Puede sacrificar sus opiniones por las opiniones de los demás. Tal vez valore el consejo de los demás más que sus propias convicciones y la voz de Dios.

Quizás en algún momento usted sabía lo que era importante en su vida y percibía que Dios le estaba llamando, pero poco a poco perdió el rumbo. Poquito a poco renunció a pequeñas porciones de usted sacrificando características que eran importantes para usted. Abandonó componentes de su identidad para complacer a otra persona. En este sentido, no solo se perdió, sino que también perdió importantes rasgos de su personalidad. Este proceso de perderse para ganar la aprobación de otra persona se llama codependencia.

## Investigación de la codependencia

Los investigadores y consejeros han estudiado el fenómeno de la codependencia durante 20 años. Al principio vincularon la afección con el alcoholismo y descubrieron que los que están casados con alcohólicos demuestran algunos de los mismos rasgos de sus cónyuges adictos, aunque los primeros puede que nunca se hayan tomado un trago. De hecho, la gente puede asumir los rasgos de los que les rodean hasta en situaciones en las que no hay alcohol. Algunas personas son como el camaleón, que cambia sus necesidades y deseos para adaptarse a las circunstancias. Si una mujer así estuviera con un hombre controlador, tal vez descuidaría su propio bienestar para mantener a su esposo contento. Si tiene padres que pelean y necesita paz en el hogar, tal vez ignore sus necesidades para satisfacer las exigencias del momento en la familia.

## La codependencia y las Escrituras

Pero ¿no se supone que renunciemos a nuestras necesidades para complacer a los demás? ¿No dice la Biblia que en cuanto a honra, nos prefiramos los unos a los otros? (Ro. 12:10). Cierto es que sentimos la tensión cuando aplicamos este consejo bíblico. Sentimos la aparente contradicción y luchamos con ella. Nos preocupamos por no tener un concepto demasiado alto de nosotros. Muchos de nosotros tratamos de perdernos por el bien de los demás y entonces, una vez nos sentimos exhaustos y agotados, nos enojamos y nos sentimos culpables cuando tratamos de reponernos de alguna manera insignificante. Nos preguntamos cómo ese consejo podría estar dirigido a la persona que trabaja en exceso en el siglo XXI. ¿Cómo nos sacrificamos y nos cuidamos adecuadamente al mismo tiempo? ¿Deberíamos centrarnos alguna vez en lo bien que estamos?

Esas preguntas no tienen respuestas fáciles pero podemos estar seguros de lo siguiente: Debemos cuidarnos de forma responsable si hemos de cuidar a los demás responsablemente. Después de todo, Cristo mismo muchas veces se alejaba de las multitudes que tenían necesidades, para Él poder descansar, orar y prepararse para su máxima misión.

Sí, hemos de considerar a los demás por encima de nosotros mismos y buscar formas de usar nuestros dones y recursos espirituales para satisfacer las necesidades de los demás. Pero debemos ser *responsablemente* considerados. Por ejemplo, seríamos necios al satisfacer las necesidades físicas de los demás cuando ellos son plenamente capaces y responsables de satisfacer esas necesidades por sí mismos. El apóstol Pablo, en Gálatas 6:2-5, nos ayuda a distinguir entre las necesidades que debemos satisfacer nosotros mismos (las que podemos satisfacer) y las que exigen la ayuda de otras personas (aquellas cargas que no podemos llevar solos). ¡Nunca debemos facultar a nadie para que sea inmaduro ni irresponsable!

Muchos de nosotros hemos descubierto dolorosamente que satisfacer la necesidad de otra persona es a veces irresponsable. Debemos ser mayordomos sabios de nuestro propio cuerpo y recursos, y debemos cumplir con nuestras responsabilidades inmediatas para con Dios, nuestra familia y nuestra misión. El evangelio no nos llama a ser adictos al trabajo, a estar agotados y deprimidos porque no hemos descansado bien, porque hemos trabajado en exceso y nos hemos alimentado mal y las células de nuestro cerebro gritan pidiendo alivio. Muchos han sufrido neciamente en nombre del evangelio y terminan siendo totalmente ineficaces.

Enfrentamos el gran reto de encontrar el equilibrio entre el servicio a los demás y el cuidado propio. Esta lucha parece ser particularmente difícil para la mujer. Por tanto, este libro va dirigido primordialmente a las mujeres que se han perdido, aunque será útil para los hombres también. En nuestra cultura, y sobre todo en nuestras iglesias, la mujer era particularmente propensa a perder su rumbo por concentrarse demasiado en las necesidades de otras personas. Muchas mujeres que se desvían de su curso en un intento de agradar a los demás, a la larga se desconectan de su verdadera naturaleza espiritual y emocional. Un día despiertan y se miran en el espejo y se sorprenden de ver a alguien a quien no reconocen. Descubren que han desarrollado una "personalidad complaciente", una personalidad que teme establecer límites, exigir fronteras o tomar las decisiones que puedan traer gozo a su vida.

Este libro le guiará en una emocionante búsqueda de perspectiva y equilibrio. Usted descubrirá las influencias que le han desviado y le han llevado a una codependencia y a complacer a los demás. También encontrará su camino de regreso a la senda de convertirse en la persona que Dios quiere que usted sea.

# Capítulo uno

# Perdido mientras crecía

*Cuanto más escuche la voz*
*en su interior, mejor oirá*
*lo que suena afuera.*

DAG HAMMERSKJOLD

Ya había pasado casi la mitad de la sesión de consejería antes de que me diera cuenta de que la niña que estaba sentada en silencio en el sillón del rincón de mi consultorio no había dicho nada. Estaba muy bien vestida y sobre los hombros le caían suaves rizos rubios. Se aferraba a un animal de peluche y miraba con atención mientras yo conversaba con sus padres y sus hermanos.

Una vez que me di cuenta de mi error, puse especial cuidado en incluirla en el resto de la sesión. Y me alegro de haberlo hecho. A pesar de que era evidente que se mostraba renuente a participar, aportó nuevas reflexiones en cuanto a la manera como funcionaba su familia.

Durante toda la sesión, el señor y la señora Tavárez parecían conformes con haberse centrado en su "hijo problemático". Su estrecha visión estaba fija en Juanito, un niño de 12 años cuya conducta se había convertido en fuente de consternación para sus maestros y familia. Su hermano menor, Jeremías, causaba casi tantos problemas como Juanito. Comparada con el desastre que creaban sus hermanos mayores, la conducta de Josefina era ejemplar.

Los Tavárez programaron la cita después de celebrar una reunión con los maestros de sus hijos. Parecía que ambos muchachos, pero sobre todo Juanito, se habían estado comportando mal últimamente. Juanito llegaba tarde a la escuela, no entregaba las tareas e interrumpía la clase con juegos pesados. Una reunión con su maestro y el maestro de Jeremías confirmó que ambos muchachos tenían problemas preocupantes en la escuela.

## El contexto

En una sesión inicial de consejería, muchas veces trato de encontrar el contexto en el cual se están produciendo los problemas de conducta. La conducta de los niños nunca es algo aislado, y siempre tiene significado. En esta familia, la razón probable de la conducta de los muchachos era evidente. Los Tavárez estaban en el proceso de separarse después de un largo matrimonio y varios intentos de reconciliación. Ambos cónyuges tenían una actitud amistosa hacia la separación pero estaban claramente angustiados. Sin embargo, se habían puesto de acuerdo para que sus peleas e inminente separación no afectaran a sus hijos. Pero la cosa no es tan fácil.

La familia me dio la impresión de ser amistosa, participativa y amables unos con otros. Si había algo desacostumbrado en esta primera sesión, fue la consideración positiva que cada uno de ellos mostró hacia los demás miembros de la familia. No vi rivalidad entre los hermanos ni escuché palabras duras por parte de los padres. La tranquilidad que había en mi consultorio ocultaba la confusión que había en el hogar.

Pedí a cada uno de ellos que hablara de la separación que se aproximaba y de lo que significaba para ellos. Los muchachos se mostraron despreocupados. "En realidad no nos va a afectar" —dijo Jeremías.

"Eso es entre ellos y ya sabrán manejarlo —dijo Juanito—. Han dicho que podemos verlos tanto como queramos".

Cuando le pregunté a Josefina sobre la separación, su respuesta me sorprendió.

"Solo quiero que mamá y papá estén bien —dijo—. Quiero que sean felices".

En ese momento, la señora Tavárez dijo algo. "Josefina es nuestra asistente. Siempre podemos contar con que ella va a arreglar las cosas. Nunca nos causa problemas".

## El papel de Josefina

Después que terminó la sesión y que programamos una reunión para la semana siguiente, reflexioné sobre lo que aprendí. Dos cosas sobresalían. En primer lugar, aunque los muchachos no expresaron ninguna preocupación aparente por la separación, sus problemas en la escuela contaban la verdadera historia. En segundo lugar, los comentarios de la señora Tavárez sobre Josefina me hicieron preguntarme acerca del efecto que tendría esa presión en la niña. Para sus padres, el papel de Josefina estaba claro:

- Ella era su asistente.

- Siempre hacía sentir bien a sus padres.

- Nunca causaba problemas.

Me preguntaba cómo afectarían esas expectativas al desarrollo de Josefina. ¿Se fijaría para siempre su papel en la familia? ¿Se daban cuenta sus padres de cómo se estaba ella desarrollando y cómo su conducta podía afectarla?

Parecía que Josefina estaba asumiendo el papel de "la personalidad complaciente" mientras que sus hermanos mayores demostraban en su conducta el dolor de la familia. La niña parecía decidida a hacerse invisible, a no causar problemas a sus padres. La familia tenía suficientes problemas y ella estaba decidida a no agregar más. Ya estaba adoptando muchas características de la codependencia, de lo cual hablaremos con más detalle después en este capítulo. Pero antes, echemos un vistazo a otra situación familiar que puede crear una personalidad complaciente.

## Los Martínez

Los Martínez eran diferentes a los Tavárez en todos los aspectos excepto uno: Ellos también estaban criando un hijo con una personalidad complaciente y no se habían dado cuenta. Pero no fue eso lo que los llevó a buscar consejería.

Los Martínez eran una familia grande que habían reunido niños que eran "tuyos, míos y nuestros". Sin embargo, no eran una familia ejemplar. Juntar esas dos familias había generado conflicto y tensión. Deseaban obtener ayuda para crear una familia más feliz.

Mientras anotaba datos de su historia inicial, descubrí que Jaime Martínez había estado casado antes y había traído dos hijos a la familia. Brenda Martínez también había estado casada antes y había llevado dos hijas a la familia. Después de casarse tuvieron tres hijos propios, lo que elevó el total a siete.

La constelación familiar de los Martínez desafiaba las estrategias típicas. Debido a su historial, en realidad tenían tres "hijos mayores" y tres "bebés". Hasta hacer un árbol genealógico (un bosquejo de un árbol familiar que incluye el orden de nacimiento) era difícil. Surgieron varios temas.

El hijo mayor de Jaime Martínez era un joven atlético y distante. Había decidido relacionarse poco con el resto de la familia. Era evidente que no quería a los otros niños y decidió apartarse. Se alejó emocional y físicamente. El hijo menor de Jaime participaba un poco más, pero él también había encontrado formas de ausentarse emocionalmente de la familia de la cual no quería formar parte.

Las dos hijas de Brenda Martínez eran mucho más solícitas y se preocupaban por el bienestar de la familia. Las dos se daban cuenta de que unificar a aquel grupo de personas requeriría mucho trabajo. Linda, la hija mayor, estaba decidida a contribuir a que la familia funcionara. Era claramente la más responsable de todos los hijos. Utilizaba sus habilidades organizativas y su naturaleza controladora en beneficio de la familia. Solía ayudar a los demás niños a prepararse para ir a la escuela y se aseguraba de que la casa estuviera limpia cuando sus padres regresaban por la noche.

Durante la primera sesión observé los intentos deshilvanados de los miembros de la familia de relacionarse unos con otros. Por supuesto, el solo hecho de tener a seis niños en la misma habitación (uno de los hijos mayores había optado por asistir a un evento deportivo), era caótico. Algunos querían dominar la conversación, otros querían distraer y otros querían desvanecerse en los acolchados sillones. Linda trató en vano de reunirlos a todos, y que la familia funcionara eficazmente. Regañaba a los demás si se portaban mal.

## El propio lugar de Linda

Mientras estudiaba a la familia me acordé del estudio pionero de Virginia Satir sobre los roles familiares. En su libro titulado *Peoplemaking* [Formación de personas], que fue un éxito de librería, señala que cada niño necesita tener un lugar único y distintivo en la familia. De hecho, los niños llegan a extremos para crear su propio lugar. La autora descubrió que por lo general asumen el papel y estilo de comunicación del que *distrae*, el que *apacigua*, la *computadora* o el que *echa la culpa*.

El que *distrae* quiere alejar la atención de todo lo que esté sucediendo en el momento que sea demasiado intenso. La *computadora* se desvincula emocionalmente y maneja las cosas de una manera muy objetiva. El que *echa la culpa* encuentra faltas en todos y ataca a los demás y usa la vergüenza para manipularlos. Los *apaciguadores* tratan de complacer a los demás. Son los que aportan armonía y se sienten incómodos cuando hay conflicto y tensión. También son los codependientes que a la larga terminan perdiendo su propia identidad en sus matrimonios y en otras relaciones.[1]

Linda no era la mayor de los siete, pero había decidido temprano en su vida que podía unificar las tres familias. Linda deseaba armonía y detestaba ver sufrir a sus hermanos y a sus padres. Muy poco a poco perdió la pista de sus propios sentimientos y opiniones y fundamentaba todas sus decisiones en su deseo de llevar paz a la familia.

Cuando llegué a conocer a los Martínez me enteré de que Linda siempre había sido una niña sensible. Percibía el dolor de sus padres. Los observaba de cerca mientras ellos luchaban por unir a aquel grupo tan inconexo. Poco a poco dejó de lado sus propios sueños y metas —su verdadero yo— mientras intentaba hacer de las tres familias una sola. Cuando sus padres estaban ocupados en el trabajo, ella supervisaba el hogar. Cuando estaban demasiado cansados para cuidar a los más pequeños, ella era la segunda mamá.

Cuando sus hermanos se descontrolaban, Linda hacía lo que podía para obligarlos a comportarse.

Linda era una observadora astuta. Notó la necesidad que tenía la familia de un apaciguador. Encontró que podía desempeñar un papel único, un papel que le ofrecía autoestima y un lugar especial en la estructura de la familia. Se dio cuenta de que sus padres a menudo estaban agotados por causa de sus empleos y se apoyaban en ella para que cuidara a los niños más pequeños. Cuanto más lo hacía, más demostraba que era capaz de cuidar de la familia. Y más se apoyaban sus padres en ella. El escenario estaba preparado para que ella cultivara una personalidad complaciente.

Linda era recompensada y reprendida por sus esfuerzos. A veces, a los otros niños les gustaba su atención. Ella los llevaba al parque a jugar, les ayudaba a escoger ropa para ir a la escuela y les preparaba meriendas especiales después de la escuela. Sin embargo, no agradecían que actuara como una segunda madre y que los disciplinara. La criticaban por ser mandona.

Desdichadamente, mientras yo observaba cómo se relacionaban los Martínez unos con otros durante la sesión de consejería, vi que Linda se había perdido en la familia. Ya no era una niña inocente de 14 años de edad. Tenía 14 años y estaba por cumplir los 25. La alegría de la juventud había desaparecido. Empleaba tanta energía protegiendo, alentado y retando a sus hermanos que se había olvidado de cuidarse a sí misma. Estaba perdida en el mundo de la codependencia.

## La codependencia

Este libro trata de la codependencia en familias e iglesias, y cómo superarla. Las siguientes definiciones de algunos de los líderes del movimiento de la codependencia nos ayudarán a entender esta importante dinámica:

> La codependencia es la ausencia de relación con el yo, la reacción de un niño a una familia disfuncional. Cuando los niños viven con personas en quienes no pueden confiar, no aprenden a depender de los demás o de

sí mismos de maneras saludables; dependen de soluciones, cuestiones externas y personas inapropiadas. Permiten que las personas dependan de ellos o se aíslan y aparentan ser independientes. La dependencia en cuestiones externas se convierte en adicción. La codependencia es un síntoma de abuso y pérdida de identidad, que es autointimidad.[2]

La codependencia es una afección específica caracterizada por una dependencia extrema emocional, social y a veces física de una persona u objeto y por la absorción en esa persona u objeto. Con el tiempo, esa dependencia de otra persona se convierte en una condición patológica que afecta al codependiente y a todas las demás relaciones.[3]

La codependencia es un patrón para vivir, lidiar y resolver problemas creado y mantenido por un conjunto de reglas disfuncionales dentro de la familia o de un sistema social. Esas reglas interfieren en el crecimiento saludable y hacen que el cambio constructivo sea muy difícil, por no decir imposible.[4]

La codependencia es una dependencia de enfoque en otra persona, en la relación a expensas del yo.[5]

Estas definiciones nos ayudan a entender cómo Josefina Tavárez y Linda Martínez comenzaron a perder su propia identidad a causa de la codependencia. Podemos ver cómo Josefina se perdió porque sus padres estaban atrapados en su propio dolor. De alguna forma, sin darse cuenta, Josefina recibió el mensaje de que su propia tristeza por la separación de sus padres no era tan importante como los demás problemas de su familia. Decidió que tenía que ser una niña buena y no causar más angustias a la familia. Sus padres, atrapados en sus propios problemas, no vieron que Josefina se estaba volviendo excesivamente obediente y sacrificando su propio bienestar por el bien de su familia.

En un contexto diferente, Linda notó que sus padres luchaban para unificar dos familias dispares. Observó su incapacidad de crear eficazmente una nueva familia. Decidió, tal vez de manera inconsciente, ayudarlos en el proceso. También decidió, igual sin ser consciente de ello, abandonar su propia juventud y actuar como una persona adulta en un intento de ayudar a sus padres. Ella no comprende las consecuencias peligrosas de esas decisiones.

Jessica y Linda se van a perder lenta y silenciosamente. La transición nunca sucede de repente. El consejero que esté ayudando a las familias con este tipo de problema debe ayudarlas a restaurar un equilibrio sano. Eso significa que los padres deben comportarse como tales para que los niños puedan ser niños. Así, cada persona podrá ser única, feliz y responsable.

## Familias que crean codependientes

Los padres no hacen a sus hijos codependientes a propósito. Nadie se dispone a abusar, descuidar ni crear sistemas familiares disfuncionales. Pero sucede. Las Escrituras nos dicen que "el pecado de los padres" pasará de una generación a otra (Éx. 20:5; 34:7; Nm. 14:18). La debilidad en nuestra personalidad afecta a las personas que nos rodean. Las familias se vuelven disfuncionales y los niños se pierden en el camino. Cuando los niños se pierden por causa de la codependencia, a menudo crecen y se pierden en sus matrimonios. Por fortuna, Dios tiene un diseño para las familias en el cual los niños reciben amor y formación y no llevan la carga de volverse codependientes por satisfacer las necesidades de sus padres.

¿Cómo es que las familias preparan el camino para que un niño se vuelva codependiente? Mientras considera lo que está sucediendo en los hogares de los Tavárez y los Martínez, tal vez vea algunas cosas que le preocupan. Quizás pueda incluso identificarse con ellos. Esas familias son muy típicas, pero son disfuncionales en muchas maneras. No están funcionando tan eficazmente como podrían funcionar en condiciones ideales. (Desafortunadamente, ¡la vida raras veces sucede en condiciones ideales!). Vemos una serie de rasgos comunes en familias disfuncionales que pueden influenciar a los niños para que cultiven personalidades complacientes que están profundamente arraigadas en la codependencia.

En la familia disfuncional, los niños aprenden que deben dejar de lado sus propias necesidades de dependencia en favor de las necesidades de sus padres. Aunque podría parecer que estos niños dependen de sus padres, de hecho los padres dependen de los niños para que satisfagan sus necesidades. Se produce un perturbador cambio de roles. Los niños podrían creer que los padres estaban "presentes" cuando ellos los necesitaban cuando la verdad es que los niños estaban "presentes" para los padres. Terry Kellogg nos ayuda a entender cómo se produce este proceso disfuncional.

> Desde el punto de vista del desarrollo, primero dependemos de los demás y luego de nosotros mismos, y por eso podemos hacer ambas cosas, lo que se llama primero interdependencia. Una persona codependiente no puede depender de otras personas ni de sí misma en maneras saludables. También aprenden a no depender de sus sentimientos como guías en la vida. Los codependientes compensan esto volviéndose muy confiables y haciendo que la gente dependa de ellos... Es la incapacidad de depender, de manera apropiada, en ellos y en los demás, lo cual establece el exceso de dependencia en cosas que se vuelven destructivas en nuestra vida, nuestras adicciones. Esta adicción se mueve con nosotros en todo el espectro de la sociedad, lo cual incluye familia, comunidad, negocio, iglesia y gobierno. Todos se han convertido en sistemas adictivos.[6]

Y así vemos que el problema de volvernos complacientes en exceso, en detrimento propio, puede comenzar muy temprano en la vida. Nadie quiere que suceda. Pero por una variedad de razones —muchas veces porque hay dolor en la vida de los padres— sucede. Los hijos se pierden. Y lo que es más trágico aún, como adultos, su vida se vuelve totalmente dependiente de complacer a los demás.

## Límites no saludables

De la misma forma en que los viajeros necesitan fronteras para no salirse del rumbo, los miembros de la familia necesitan límites claros y útiles que les impidan desarrollar personalidades complacientes. Los límites no definidos pueden causar varios problemas. El culpable primordial es un proceso de enmarañamiento dentro de la familia. El enmarañamiento se produce cuando la gente no puede identificar dónde termina su personalidad y dónde comienza la de la otra persona. Por ejemplo:

- No saben de qué son responsables y qué no les atañe.

- No pueden distinguir claramente lo que están sintiendo ellos de lo que sienten otros miembros de la familia.

- No pueden decidir por sí mismos lo que quieren y lo que otras personas desean de ellos.

La vida puede volverse horriblemente confusa para personas que viven en familias sin límites.

Cuando los niños aprenden a cuidar de otras personas pero no de sí mismos, comienzan a definirse por las normas de otras personas. En lugar de decidir lo que valoran, esperan que otra persona determine lo que es importante. Están bien si alguien (un pariente, amigo, maestro o entrenador) dice que están bien. ¿Se da cuenta de lo perturbador y confuso que sería esto para un niño?

## Reglas inapropiadas

Los niños también pueden desarrollar límites no saludables cuando tienen que hacer frente a reglas familiares rígidas y disfuncionales. Estas reglas pueden ser abiertas y claras o pueden estar implícitas y no estar bien definidas. En cualquier caso, los niños indefensos aprenden rápidamente que deben conformarse a este conjunto de reglas no saludables para recibir el amor y la atención que necesitan tan desesperadamente. Considere las siguientes reglas opresoras que Robert Subby, en su libro *Beyond Codependency*

[Más allá de la codependencia], descubrió dentro de una familia codependiente.

- No sientas nada ni hables de los sentimientos.

- No pienses.

- No identifiques problemas, hables de ellos ni los resuelvas.

- No seas tú mismo: sé bueno, correcto, fuerte y perfecto.

- No seas egoísta: cuida de los demás y despreocúpate de ti mismo.

- No te diviertas: no seas tonto ni disfrutes la vida.

- No confíes en otras personas ni en ti mismo.

- No seas vulnerable.

- No seas directo.

- No te acerques mucho a la gente.

- No madures, cambies ni hagas nada que pueda perturbar de alguna forma a esta familia.[7]

## Otros mensajes

Tal vez incluso más dañinos que estas reglas sean otros mensajes que reciben los codependientes. Melody Beattie ha determinado que muchos niños crecen con las siguientes creencias:

- Nadie me puede querer.

- No merezco cosas buenas.

- Nunca tendré éxito.[8]

Lo triste es que los niños pueden creer esas cosas subconscientemente. No son conscientes de que las están aceptando ni de que sus padres se las están transmitiendo sin querer. Nadie puede ver esas creencias, así que nadie puede retarlas. La sanidad puede tener lugar cuando las familias sacan a relucir esas creencias.

## Los límites de Linda

Consideremos el reto que tiene Linda. Sus padres están tratando de combinar, valientemente, tres familias distintas con diferentes historias y diferentes valores. Están luchando para que su matrimonio y su familia funcionen. Necesitan ayuda y se muestran agradecidos porque Linda está dispuesta a sacrificar sus propias necesidades por las de la familia. Sin embargo, ella está atrapada en un torbellino de emociones. Vive en un mundo que ella no creó. Su familia no ha decidido sacrificarla de manera consciente, pero eso es lo que está haciendo. Ya tienen suficientes problemas; no quieren oír nada de ella que les dificulte más su misión.

A medida que Linda intenta en vano equilibrar sus necesidades con las de la familia, se da cuenta de que ella está cambiando. Es una adolescente con la urgencia de intentar ser independiente. Desde el punto de vista biológico, está hecha para ser independiente, para alejarse de la familia y probar nuevas conductas. Pero ¿qué puede hacer? En el mismo momento en que ansía ser su propia persona, sus padres la necesitan más que nunca. Por un lado, desea gritar y rebelarse contra las reglas de la familia. Pero esa respuesta sería un suicidio emocional. Su familia tiene un acuerdo silencioso para representar un papel. El pegamento de la codependencia la mantiene atada a la familia y a sus restricciones no saludables.

Poco a poco, Linda aprende las reglas de las que Subby ha hablado. Si la pudiéramos escuchar hablar años después, tal vez nos dijera algo así:

Vi cómo mis padres intentaban lograr que la familia funcionara pero era demasiado para ellos. No pudieron impedir que mi hermano mayor decidiera alejarse. No tenían la energía para escucharnos de verdad al resto de nosotros. No había suficiente tiempo ni atención para todos. Estaban cansados e irritables gran parte del tiempo. Creo que se lamentaban de tener tantos hijos, pero se dieron cuenta de eso demasiado tarde. Yo aprendí a mantenerme callada. Los otros niños necesitaban más atención que yo. Lo único que yo quería era que la familia fuera feliz, así que ayudaba en lo que podía. Aprendí a hacer felices a mis padres. Simplemente no me di cuenta hasta mucho después de que no estaba recibiendo el amor y la atención que necesitaba. Nadie me ayudó nunca a entender mis propias emociones. Nunca me alentaron a ser la persona que Dios me diseñó a ser. Ahora que he salido de la familia y estoy por mi cuenta, veo las cosas con mucho más claridad. Sin embargo, sé que perdí algo.

## Niños que llevan el dolor

En su maravilloso libro titulado *Kids Who Carry Out Pain: Breaking the Cycle of Codependency for the Next Generation* [Niños que llevan nuestro dolor: Cómo romper el ciclo de la codependencia], los doctores Robert Hemfelt y Paul Warren examinan las simientes de la codependencia que se siembran en las familias disfuncionales. Sugieren que los niños, sin querer, están predispuestos a llevar el dolor de sus padres. Ese ciclo puede continuar durante generaciones enteras si no se rompe.

Cada generación está apilada una sobre la otra como un pastel de muchas capas. Cada capa afecta a la siguiente. Los límites entre una y otra generación son porosos, y los valores y las creencias se cuelan al siguiente nivel.

Por fortuna, esos patrones se pueden romper. Por ejemplo, yo sabía poco acerca de mis abuelos paternos. Pero sabía que mi abuelo luchó horriblemente con el alcoholismo y murió temprano como resultado de la enfermedad. Sabía que esa tragedia había afectado a mi padre profundamente. Le robaron el amor y la amistad de un padre cuando era jovencito. Mi padre detestaba el daño que el licor le hizo a su padre e hizo votos de no permitir nunca que le afectara a él. Transmitió a sus hijos ese temor.

Además, mi padre fue abandonado por el suyo y en parte se tuvo que criar a sí mismo. No tuvo el consuelo de dos padres amorosos que lo ayudaran a pasar por las complejidades de la adolescencia. Como resultado de ello, mi padre siempre ha estado disponible para sus cinco hijos y nos ayudó a lidiar con los retos y los rigores de la vida adulta. No tengo duda alguna de que su generoso corazón se desarrolló en el crisol del dolor y el rechazo. Su valor y fortaleza le permitieron romper el ciclo.

## Hambre de atención

Los doctores Hemfelt y Warren prosiguen diciendo que además de llevar el dolor de sus padres, los niños tienen hambre de atención. Perderse no es sano para ellos. Hemfelt y Warren sugieren que el hambre de atención es más que la simple necesidad de una atención total; también es la necesidad de identidad. Sin una identidad, los niños crecen confundidos acerca de quiénes son y dónde encajan en el mundo.

Los autores dicen que las necesidades básicas de los niños son *tiempo*, *atención* y *cariño*. Esas tres necesidades primordiales no las pueden satisfacer otros niños. Deben ser satisfechas por adultos que los cuiden.

El hambre de atención subyace tras los demás aspectos del crecimiento y desarrollo de un niño. Esa hambre se puede satisfacer con una relación o apego a los padres.[9]

Hemfelt y Warren señalan que una variedad de abusos dentro de la familia pueden sofocar la necesidad de atención de un niño y ser sumamente dañino para él. Están convencidos de que el abuso sexual pasivo es más común en las familias de lo que nos gustaría creer. Dicha conducta incluye comentarios sexuales inapropiados y falta de respeto a los límites de la privacidad. El padre que no permite a su hija ducharse en privado comete claramente una violación sexual.

El hambre de atención también se puede desarrollar en una atmósfera llena de abuso físico. En esas familias, la disciplina puede adoptar la forma de un castigo físico severo por hacer lo malo. Es posible que los padres afirmen categóricamente: "A mí no me hizo daño que me golpearan con un interruptor y a ti tampoco te hará daño". Sin embargo, los niños aprenden a rehuir y a retirarse por temor a la ira de sus padres.

El abuso verbal es también más común de lo que nos gustaría admitir, incluso en hogares cristianos, donde nos gustaría creer que las palabras están sazonadas con gracia. Los padres insultan a los niños cuando no se portan bien. Los gritos de los padres pueden hacer un daño profundo a los niños. Un poquito de temor puede mucho para impedir que los niños se desarrollen como adultos sanos que dicen lo que piensan.

## Incesto emocional

Hemfelt y Warren identifican otra posibilidad horrible para los niños que llevan el dolor generacional de sus padres: *el incesto emocional.* Hace un tiempo, una mujer en medio de un divorcio me dijo que ella les había contado a sus hijos los problemas que tenía con el padre de ellos. A medida que escupía su veneno, justificó sus acciones diciéndome que los niños "tienen derecho a saber". Le dije que sus hijos eran demasiado pequeños para saber cómo lidiar con las emociones que ella estaba compartiendo con ellos. No obstante, se defendió insistiendo en que las acciones del padre de seguro afectarían a los niños tanto como le habían afectado a ella. En su mente, solo estaba tratando de prepararlos.

Muchos padres expresan sus frustraciones a sus hijos de forma similar en el nombre de la "comunicación abierta". Pero cuando los padres revelan lo que sucede en su relación conyugal, invariablemente tratan de alinear al niño con su punto de vista en oposición al otro padre. Eso hace mucho daño a los niños y los confunde.

Otra forma de incesto emocional tiene que ver con las exigencias de los padres. Son mensajes de parte de los padres que dicen a los niños que deben madurar para cumplir con una norma en particular. Los padres usan a los niños para resolver un problema en el pasado de los padres. Por ejemplo, tal vez los padres no se desempeñaron bien en los deportes cuando eran jóvenes y ahora esperan que los niños compensen las deficiencias de los padres. Esos tipos de mensajes son claramente inapropiados y muchas veces se transmiten de manera inconsciente.

Los doctores Hemfelt y Warren citan varias características de la familia emocionalmente incestuosa:

- La formación se invierte, pasa de los niños a los padres.

- A los padres les faltan una buena identidad personal o límites sólidos.

- Los niños proporcionan lo siguiente total o parcialmente:

  1. *Estructura*: Los roles de autoridad son inadecuados. El control está ausente o se usa en exceso. Los niños desempeñan los papeles de los adultos.

  2. *Estabilidad*: Los padres son emocionalmente inestables, por lo que el niño estabiliza la familia.

  3. *Seguridad*: El niño debe actuar como mediador entre la familia y el mundo exterior o entre los diferentes miembros de la familia. El niño procura seguridad en fuentes externas a la familia.

La regla general es fácil de recordar: Nunca es responsabilidad del niño estar presente para los padres. Es responsabilidad de los padres estar presentes para los niños.[10]

## Las necesidades de un niño

Nadie es perfecto, por lo tanto, no hay familias perfectas. Pero podemos criar mejor a nuestros hijos de lo que lo hemos hecho. Crear un ambiente donde el niño prospere requiere mucho amor y esfuerzo. Mucha gente parece pensar que los niños estarán bien si reciben un mínimo de afecto y atención, pero eso podría no ser verdad. Los niños necesitan ciertas cosas esenciales para desarrollarse de una manera sana. Repasemos algunas de las cuestiones básicas que un niño necesita para convertirse en un adulto saludable, libre de las dificultades de la codependencia.

## Tiempo

Muchos padres ocupados dejan a sus niños para que se críen solos. La mayoría de las familias son hogares donde los dos cónyuges trabajan y los niños a menudo pasan mucho tiempo solos. No reciben el tiempo que necesitan con su madre y su padre para desarrollar un sentido saludable de autoestima.

En mi trabajo con las familias, noto que los padres ofrecen a sus hijos lapsos cortos de tiempo, pero pocas veces están dedicados a las necesidades individuales del niño. Los padres están tan cansados y absortos en otras cosas que el tiempo que ofrecen a sus hijos no es suficiente. Si los niños perciben que sus padres están cansados, puede que ajusten sus necesidades en consecuencia. Tal vez representen un papel para captar la atención de los padres, aunque sea atención negativa. O tal vez se desvanezcan, convirtiéndose así en el "niño perdido". Perciben que los padres en realidad no tienen tiempo que dedicarles. Cuando esto sucede, buscan atención en otra parte.

Es agradable ver a los padres que aceptan su responsabilidad de "estar presentes" para los niños. Tal vez estén cansados, pero reúnen fuerzas para dedicar tiempo valioso al niño. Están presentes emocionalmente y pueden disfrutar viendo al niño prosperar bajo su mirada vigilante.

## Atención

Los padres no solo deben ofrecer su tiempo íntegro, sino también su atención total a los niños. Los padres vigilantes notan sutiles matices en las conductas de los niños, sus estados de ánimo y pensamientos y luego expresan una preocupación amorosa por las cosas que son importantes para los niños.

Los psicólogos expertos en el desarrollo nos enseñan que los padres pueden "imitar" la vida emocional de los niños para ayudarlos a expresar lo que sienten. De esa forma, los padres pueden ayudar a los hijos a pasar por los difíciles encuentros con sus compañeros y a superar sus estados de ánimo dolorosos. Si notamos que nuestra hija se sienta calladamente después de enterarse de que no la invitaron a la fiesta de una amiga, podríamos decir algo así: "Sara, parece que estás un poco triste porque no te invitaron a la fiesta de cumpleaños de Lucía. Seguro que te duele, sobre todo después de haber planeado qué regalarle". Con eso estamos reflejando sus sentimientos y ayudándola a encontrar las palabras para expresarlas.

Evidentemente, prestar una atención total es una empresa rigurosa. Exige que los padres dejen de lado sus propios planes para ingresar en el mundo del niño. Eso exige concentración e intención. Nada es tan importante ni tan eficaz como prestar al niño toda su atención.

## Cariño

Sabemos que los niños desean cariño desesperadamente. Cuando no reciben cariño de sus padres, los niños buscan sustitutos destructivos.

Un toque saludable y amoroso no cuesta. Ver a un niño sentado con uno de sus padres que le ofrece un toque generoso es ver a un niño envuelto en una presencia afirmadora.

De la misma forma en que se necesita tiempo para ofrecer atención, se necesita tiempo para ofrecer cariño. El cariño apresurado no ayuda mucho a los niños.

## Reflexión

A medida que lea este libro, tal vez se sienta conmovido. Tal vez recuerde situaciones en las que no recibió el tiempo, la atención ni el cariño que merecía y necesitaba. Al reconocer esos momentos dolorosos, puede permitir que comience la sanidad. Puede identificar los patrones destructivos que se pusieron en marcha hace mucho tiempo y alterar las creencias defectuosas. Con una mente adulta, puede tomar decisiones más saludables para usted y toda su familia.

Comience identificando las creencias destructivas que aprendió hace mucho tiempo. Cuando comprenda esas creencias, estará preparado para reemplazarlas con otras más sanas. Puede aprender a...

- hablar abiertamente de sus pensamientos

- compartir sus sentimientos con alguien que no represente algún peligro para usted

- confiar en que los demás estarán presentes para usted emocionalmente

- crear una nueva familia amorosa con reglas saludables

Dios nos ha dado un ejemplo de cómo funciona una familia saludable. Él diseñó un orden en el hogar en el cual los niños están protegidos, son amados y reciben formación sin el peso de los apremios codependientes de proteger a los demás. Sin embargo, este diseño no siempre se pone en práctica. Aprendamos más acerca de lo que sucede cuando los niños se crían con tendencias codependientes.

# Capítulo dos

# La personalidad complaciente

*Una hora ocupada
de vida gloriosa
vale una era sin nombre.*

Thomas Osbert Mordaunt

Consuelo se sentó sola junto al mostrador de la cocina y sorbía una taza de café. Los niños y su esposo estaban dormidos. Ella por lo general disfrutaba de aquellas primeras horas tranquilas de la mañana pero, aquel día, la oscuridad que cubría la casa reflejaba su estado de ánimo. Se preguntaba cómo iba a sacar el valor para conversar con su esposo. ¿Cómo podía ella explicar a Juan lo desalentada que se había sentido en los últimos meses? ¿Y cómo podía ella revelar sus temores sin que él se enojara?

Él había observado que ella había ido a consejería y esperaba que "se arreglara". Pero la verdad es que ella se sentía más desentrañada e inconforme. Esperaba que la consejería le proporcionara una solución rápida. Ahora veía su vida más claramente pero la imagen no era agradable. Era más consciente que nunca de su infelicidad. Y así escuchó sus movimientos, esperando la oportunidad de conversar con él acerca de cambios que podían salvar su matrimonio. El corazón le latía rápidamente cuando escuchó ruidos procedentes de su habitación.

Cuando Juan se dio la vuelta en la cama, notó que Consuelo no estaba. Echó un vistazo al reloj. Siete de la mañana. Hora de levantarse y arreglarse para ir a la iglesia. *Hoy voy a ser ujier. Más vale que me ponga una camisa y una corbata.* Se tomó unos minutos para frotarse los ojos y alejar el sueño antes de dirigirse a la cocina.

"¿Qué haces levantada tan temprano? —preguntó—. ¿Tuviste problemas para dormir?"

"Así es".

"¿Cuál es el problema?"

"¿Podemos conversar?" Él asintió. "No sé cómo decir esto, pero no soy feliz. Necesito hacer algunos cambios y no estoy segura de que te vayan a gustar".

Ella vio que Juan hizo una mueca. Se puso la mano izquierda en la cadera, algo que hacía siempre cuando estaba molesto.

"Has gastado una fortuna en consejería ¿y todavía no estás contenta?"

A medida que el tono de voz de Juan se elevaba, ella sentía que se ponía tensa. Se recordó a sí misma que debía seguir con el proceso, practicar lo que había aprendido en la consejería y decirle lo que quería.

"Necesito cuidarme mejor, Juan. Necesito que hablemos de cómo manejamos nuestro hogar y nuestra familia. Necesito que vayas a consejería conmigo para entender algunas cosas. No se trata solo de ti. Se trata de cambiar la forma como he sido la mayor parte de mi vida. Se trata de cambiar algunos malos hábitos que tenemos en nuestra relación".

"Esta es una manera fantástica de comenzar el domingo" —dijo Juan. Se fue de la cocina y comenzó a prepararse para ir a la iglesia.

Al día siguiente llegaron para su primera sesión de consejería. El estado de ánimo de Juan no había cambiado mucho desde la mañana anterior.

"De manera que llegamos a esto" —murmuró Juan mientras se sentaba en mi consultorio. De inmediato expresó sus frustraciones. Después de casi 30 años de matrimonio, su esposa había anunciado de repente que estaba cansada de complacer a los demás mientras ella sufría por dentro. Dijo que las cosas tendrían que cambiar porque ya no lo aguantaba. Sus palabras estaban llenas de sarcasmo.

Él estaba aturdido, herido e incluso un poco temeroso. *¿Qué significaba aquello? —se preguntaba—. ¿Cuánto tiempo se había sentido así? ¿Qué iba a cambiar ahora?*

Se giró de frente a la ventana tocándose la barba canosa. Se volvió distante, atrapado en su propio desconcierto. Miró de nuevo a su esposa mientras ella continuaba su saga de emancipación.

Juan probablemente sabía que algo estaba cambiando cuando Consuelo comenzó a asistir a consejería sin él meses atrás. Ella había comenzado a leer libros sobre límites y firmeza. Lo alentó a asistir a clases de escuela dominical sobre enriquecimiento conyugal. Hasta se fue de retiro silencioso para cultivar una espiritualidad más profunda.

A él las cosas todavía le parecían confusas. Juan no veía que su relación tuviera mucho de malo. Creía que su esposa era lo suficientemente feliz. Pero el tono de voz de ella contaba la verdadera historia.

Yo repasé con él parte de la historia que ella me había revelado durante las primeras sesiones de consejería.

"Juan —dije yo— parece que Consuelo ha estado ignorando sus propias emociones y opiniones durante tanto tiempo que poco a poco se está perdiendo en el matrimonio. Ella no está aquí para culparle. No es su culpa. No es culpa de nadie. De hecho, tal como yo lo entiendo, Consuelo ha luchado con una personalidad complaciente durante muchos años. Probablemente comenzó cuando era niña. De manera que usted no tiene que sentirse culpado ni ofendido. Ustedes dos sencillamente han desarrollado algunos patrones que hay que revertir, y para eso se necesitará tiempo. Y ambos deberán ponerse de acuerdo en trabajar para crear patrones nuevos y más sanos de relacionarse mutuamente".

Consuelo trató de explicar a Juan lo que le había sucedido con el correr de los años. Cuando era niña, aprendió a encargarse de cuidar a los demás. Puesto que era la única niña de la familia y tenía tres hermanos varones, todos esperaban que ella atendiera a los hombres. Eso formaba parte de la cultura. Las mujeres preparaban las comidas, limpiaban la casa y por lo general cuidaban de la familia. Hoy, también se esperaba que las mujeres de su familia tuvieran un empleo. El resultado era una sensación cada vez mayor de agotamiento, resentimiento y pérdida de su propia identidad.

"¿Sentirte perdida? —cuestionó Juan—. Eso no tiene sentido. Has estado haciendo exactamente lo que has querido hacer. ¿Cómo te puedes sentir así?"

A Juan le costaba entender, como también les cuesta a muchas personas que sufren de personalidades complacientes. Un día despiertan con una sensación creciente de que algo anda mal y, al mismo tiempo, están confundidas. ¿Cómo pueden estar insatisfechos cuando están viviendo la vida que han escogido?

Juan y Consuelo son el ejemplo típico de muchas parejas. Muchos matrimonios consisten en dos personas que trabajan, aunque uno de ellos, más frecuentemente la mujer, también debe cuidar a la familia y atender la casa. Transportar a los niños a la práctica de fútbol y a clases de piano, asistir a reuniones con los maestros y trabajar tiempo completo son suficientes para agotar a la persona más fuerte. Esa puede ser la vida que una mujer ha escogido o le han exhortado a escoger, pero ahora esa existencia está apagando lentamente su vida. Cansada de agradar a los demás y de sentirse cada vez más insatisfecha, finalmente se da cuenta de que necesita un cambio.

## Rasgos de una personalidad complaciente

En el capítulo 1 hablamos de algunas de las maneras en que una persona puede predisponerse para desarrollar rasgos de codependencia. La mayoría de nosotros experimenta esto hasta cierto punto, aunque por lo general no sabemos qué está sucediendo. Este libro le ayudará a identificar aquellos rasgos no saludables de la personalidad que le hacen tratarse a usted mismo de maneras destructivas. Esa es la esencia de la codependencia, o la personalidad complaciente: *un patrón de agradar a los demás dejando de lado sus necesidades y su bienestar, en su propio detrimento.*

Conforme fueron pasando las semanas, pude entender mejor por qué Consuelo estaban tan descontenta. Estaba desalentada y ligeramente deprimida, una situación común entre muchas mujeres. Y por razones similares. Evidentemente, dejar de lado sus deseos temporalmente en servicio de los demás no es problema. Las Escrituras nos llaman a eso. Pero hacerlo en su propio detrimento, de manera constante, lleva al desastre. Piense en Consuelo mientras repasa la siguiente lista de rasgos ofrecida por Anne Wilson Schaef, autora del libro titulado *Co-Dependence: Misunderstood— Mistreated:* [Codependencia: Mal entendida y mal tratada]:

- referente externo

- cuidado de los demás

- egocentrismo

- problemas de control

- negación de sentimientos

- falta de honestidad

- ser el centro de atención

- ingenuidad

- pérdida de la moral

- temor, rigidez y enjuiciamiento de los demás[1]

## Referente externo

Schaef está tan preocupada por el referente externo que ella cree que la mayoría de los demás rasgos de la codependencia caen por debajo de este. El referente externo significa definirse uno por la forma en que los demás lo evalúan. Quiere decir que se está totalmente absorto en lo que piensan los demás. Si no tenemos convicciones personales firmes acerca de nuestra propia significación, seguimos buscando que los demás nos aseguren que somos importantes para ellos.

### Adicción a la relación

Un ejemplo de referente externo es la adicción a las relaciones. Aquí vemos a la persona que está dispuesta a hacer cualquier cosa por mantener una relación, incluso si la relación es debilitante para ella. En la adicción a las relaciones damos demasiado de nosotros mismos. Estamos dispuestos a hacer cualquier cosa por la otra persona sin pensar en el efecto a largo plazo que eso va a tener en nuestra personalidad.

En mi práctica de consejería, suelo conocer mujeres que han tenido relaciones consecutivas con hombres problemáticos. A pesar de que algunos hombres no tienen la capacidad de amar de verdad ni de dar de sí mismos, las mujeres los aman. Cuando esas relaciones fallan, como suele suceder, la mujer se pregunta por qué. No entienden dos de las razones por las que las relaciones fracasan: los hombres son incapaces de entregarse verdaderamente y de construir una relación saludable, y la mujer ha dado demasiado de sí misma a la relación. Esas mujeres han intentado agradar a los demás a costa propia.

El referente externo conlleva muchos otros problemas. Los codependientes no saben dónde terminan ellos y dónde empiezan los demás. No tienen límites claros que les ayuden a entender lo que es bueno para ellos y lo que no, límites que establezcan de qué son responsables y de qué no. Consideremos este ejemplo:

Diana pidió a Ángela que fuera a cenar a su casa y le explicó que necesitaba conversar con ella. Por desgracia, Diana pidió a Ángela que fuera por la noche, después del trabajo, cuando Ángela ya estaba exhausta. Mientras Ángela consideraba la petición, se dio cuenta de que aunque su amiga la necesitaba, y ella quería ayudar, Ángela también tenía una familia que necesitaba su atención. No había pasado un buen rato con su esposo durante varios días y sus hijos necesitaban que ella los ayudara con trabajos de la escuela.

Después de luchar con su decisión, Ángela llamó a Diana y le preguntó si podían reunirse un día más tarde cuando ella pudiera hacer los arreglos pertinentes. Tiempo después, Ángela se enteró de que Diana se había sentido herida porque Ángela no lo dejó todo para ir a ayudarla. Ángela se sentía culpable. Se preguntaba si haberse quedado en casa cuidando de sí misma y de su familia había sido la decisión correcta.

Esa situación es muy común. Las exigencias que tenemos sobre nosotros a menudo son difíciles de manejar. Exigen que sepamos claramente quiénes somos, que comprendamos lo que es mejor para nosotros y para aquellos a quienes amamos y que tomemos decisiones saludables. Yo creo que Ángela tomó la decisión correcta. Con eso no sugiero que debamos ser indiferentes a nuestros amigos. Todo lo contrario. Pero debemos sopesar nuestros recursos con cuidado.

Puede ser muy tentador hacerse cargo de los problemas de la gente. Cuando tenemos una relación estrecha con las personas, tal vez nos resulte difícil permitirles experimentar sus propios sentimientos. El codependiente quiere eliminar el dolor de la vida de los demás. En algunos casos, los codependientes podrían literalmente sentir el dolor de otra persona. Los codependientes no pueden sentirse a gusto hasta que han ayudado a otras personas a sentirse mejor. Ciertamente, eso es llevar la compasión demasiado lejos.

### Administración de las impresiones

Otra forma de referente externo es lo que Schaef llama "administración de las impresiones". Significa actuar estrictamente teniendo en cuenta lo que otros piensan de nosotros. Puesto que somos inseguros y estamos plagados de una autoestima débil, recurrimos a los demás para que confirmen nuestra valía propia. Como quizás no confiemos en nuestras propias percepciones y sentimientos, nos apoyamos en los demás para determinar cómo nos comportamos o qué pensamos.

Las Escrituras nos recuerdan que somos infinitamente valiosos porque Dios nos creó y siempre está con nosotros (Sal. 139:1-18). Nos ama y nos ha dado un lugar privilegiado en la creación (Sal. 8:3-5). Además, no hemos de conformarnos a las expectativas de los demás, sino ser transformados de adentro hacia afuera a medida que Dios renueva nuestra mente (Ro. 12:2).

## Cuidado de los demás

Tal vez la característica por excelencia de la personalidad complaciente y de la persona codependiente sea la necesidad de cuidar a otras personas. El problema no es nuestro deseo de ayudar, sino que cuando cuidamos de los demás, a veces nos olvidamos de cuidarnos a nosotros mismos. Durante mis sesiones de consejería con Consuelo, ella me dijo cómo ejercía control en medio de las dificultades familiares. Cuando la familia necesitaba un líder, Consuelo entraba en escena como cuidadora para encargarse de la situación. Eso lo hacía hasta con sus parientes más lejanos. Los miembros de su familia la amaban y, a la vez, le tenían resentimiento por asumir el control.

La familia necesita y espera que el cuidador se ocupe de las cosas. Los cuidadores ven una necesidad y la satisfacen. Los cuidadores no parecen notar o no les importa que su propio pozo esté seco, que estén resecos y sedientos de agua. Ven que hay que hacer un trabajo y lo hacen, pero más adelante se quejan de que lo tienen que hacer todo.

¿Qué hay de malo en este tipo de conducta? A veces nada, a veces, todo. Cuando el cuidador da porque se siente valioso únicamente cuando es indispensable, su conducta es destructiva. Cuando da sencillamente porque ve una necesidad, pero no ha considerado detenidamente si de verdad puede ayudar, eso también causa problemas. Por otra parte, cuando siente el llamamiento a ayudar, cuando tiene un don especial y da de su abundancia, eso puede ser maravilloso para todas las personas en cuestión.

Una de las mejores ilustraciones de ser solícito y no cuidador la encontramos en el libro de Lucas cuando leemos acerca del encuentro de Jesús con María y Marta. Allí leemos que Marta estaba ocupada cuidando a los demás y estaba "afanada y turbada... con muchas cosas" (Lc. 10:41). Para lograr tener paz mental, pasaba todo su tiempo ocupándose de cosas para otras personas. El Señor muestra su amor por ella ayudándola a organizar sus prioridades, lo cual, en ese momento, significaba sentarse a sus pies con María y escucharle. Todo lo demás era simple distracción. Actuar como mártir en su afán de cuidar a los demás no servía de nada para ella ni para Jesús.

## Egocentrismo

Cuando las semanas de la consejería fueron pasando, Consuelo comenzó a ver que la gente que tiene una personalidad complaciente intenta mantener feliz a todo el mundo. Sobre todo tratan de lograr que todos estén contentos con ellos. Cuando su intento falla, se sienten culpables, enojados y heridos. Cuando los que les rodean no están bien, ellos no están bien. Esa carga es más de lo que alguien puede sobrellevar con éxito.

Consuelo andaba de puntillas en su matrimonio codependiente. Se sentía responsable de los estados de ánimo malos de su esposo.

Sobre todo era muy sensible a la ira de él. Si él se disgustaba porque la casa estaba desordenada, ella se sentía culpable y temerosa. Si él pensaba que los niños estaban haciendo mucho ruido, ella trataba de calmarlos. Si no tenían suficiente dinero en su cuenta, ella se preguntaba qué podía hacer de manera diferente para cuadrar mágicamente la chequera. Inconscientemente creía que ella tenía el poder de corregirlo todo.

Claro, si uno fuera a sugerir que ella era egocéntrica, Consuelo lo hubiera negado con vehemencia. De hecho, el solo pensarlo le resultaba repugnante. Por supuesto que no era egocéntrica. Consuelo pasa enormes cantidades de tiempo cuidando de los demás. ¿Cómo podía alguien hacer semejante acusación? Sin embargo, póngase a pensar. Consuelo está absorta en los demás, absorta en ganar su aprobación. Los complacientes se enorgullecen de decir que son abnegados, una perspectiva bastante egocéntrica.

## Problemas de control

Una característica más de la personalidad complaciente tiene que ver con el tema del control. Como dice Schaef: "Los codependientes son controladores supremos. Creen que pueden controlarlo todo y que deberían hacerlo. A medida que las situaciones se vuelven más caóticas, los codependientes ejercen más y más control".[2]

¿Recuerdan a la pequeña Josefina del capítulo 1? Ya de niña creía que si era lo suficientemente buena podría disminuir la tensión que había en el matrimonio de sus padres. Ella se preguntaba si la conducta de sus hermanos era culpa suya de alguna forma. Tal vez si ella se quedaba callada y era amable, su familia tendría más paz.

Por supuesto, la tensión en la familia no tenía nada que ver con Josefina. Ella no tenía el poder de mejorar las cosas. Solamente sus padres tenían el poder de arreglar las cosas.

Puesto que las personas complacientes no pueden controlar sus mundos, son propensas a sentirse inadecuadas y deprimidas. Solo miran al exterior y pasan muy poquito tiempo manejando sus propios estados de ánimo. Tratan de manejar los estados de ánimo de otras personas, una tarea imposible.

Una de las ayudas más potentes para aquellos que luchan con la codependencia es la "Oración de la serenidad". Es especialmente útil y potente porque nos recuerda concentrarnos en aquellas cosas sobre las cuales tenemos control y desistir de aquellas sobre las que no tenemos control.

### La oración de la serenidad

Señor, dame la serenidad para aceptar las cosas que no puedo cambiar, el valor para cambiar las que sí puedo, y la sabiduría para conocer la diferencia. Vivir un día a la vez, disfrutar un momento a la vez, aceptar las dificultades como el camino a la paz. Aceptando, como lo hizo Él, este mundo pecaminoso como es, no como yo quisiera que fuera, confiando en que Él corregirá todas las cosas si me rindo a su voluntad, para que pueda ser razonablemente feliz en esta vida y supremamente feliz con Él para siempre en la venidera. Amén.

Reinhold Niebuhr

Consuelo se preguntaba cómo sería la vida ahora que estaba tratando de cambiar hábitos viejos. Se preguntaba qué sucedería con su matrimonio. Si dejaba de complacer a los demás, si desistía de tratar de controlar las cosas que no podía controlar, su vida se sentiría increíblemente vacía. Es posible que le dé miedo afrontar estos cambios y opte por seguir su conducta codependiente. Por otro lado, podría llenar su vida de una forma significativa:

- cultivando una vida espiritual más sólida

- estableciendo un fuerte sentido de identidad

- trabajando en su relación amorosa

- descubriendo formas de crear gozo en su vida

- buscando un trabajo gratificante

- creando amistades saludables

- trabajando en sus habilidades para resolver conflictos

- creando un plan económico saludable

- fijando metas

## Negación de sentimientos

Durante las semanas iniciales de consejería de Consuelo, sus emociones reprimidas finalmente comenzaron a brotar libremente. Sentimientos que había negado durante mucho tiempo, ahora parecían tomar el control de su vida. Puesto que las personas complacientes miran al exterior, y puesto que han trabajado mucho para cuidar de los demás, raras veces dedican mucho tiempo o energía para alimentar su propia vida interior. Pasan poco tiempo considerando lo que sienten o desean. A muchos, la idea de escuchar sus sentimientos y sintonizar a su propia vida les suena extraño. "¿Alimentar mi vida interior? —preguntan—. ¿Qué es eso?"

Significa apartar tiempo todos los días para reflexionar en su vida. Eso se puede hacer escribiendo un diario, que muchas personas consideran una práctica diaria útil. Puede hacerse en oración, dialogando con Dios. Puede hacerse sentados tranquilamente, tal vez con las Escrituras sobre las piernas, considerando cómo Dios podría estar actuando en su vida. ¿Cuáles son sus esperanzas y sus sueños? ¿Cuáles son sus ansiedades e inquietudes? ¿Qué le está diciendo Dios que haga?

En mi práctica de consejería conozco a mucha gente que vive aturdida. No están alertas ni vivas. Viven como robots, hacen lo que tienen que hacer rutinariamente, día tras día. ¿Cuál es el efecto de esa vida? Depresión emocional y espiritual. Esas vidas a menudo carecen del gozo que viene de ser guiados por el Espíritu de Dios y de conocer el fruto del Espíritu.

Uno de mis escritores favoritos, el sacerdote y visionario ya fallecido Henri Nouwen, era la personificación misma de esa sensibilidad a su vida interior y a la guía del Espíritu. Sus escritos están llenos de vigor y reflejan una relación con Cristo que creaba una sensación de abundancia y apremio. Escuche sus palabras:

Aquí vemos lo que significa disciplina en la vida espiritual. Significa un proceso paulatino de llegar a nuestro hogar, del cual formamos parte, y escuchar allí la voz, la cual desea nuestra atención... El gran misterio de la fecundidad es que se vuelve visible donde hemos desistido de nuestros intentos de controlar la vida y correr el riesgo de dejar que la vida revele sus propios movimientos internos. Siempre que nos rendimos a Dios y nos confiamos a su amor, los frutos crecen. Los frutos solamente pueden brotar del suelo del amor íntimo.[3]

La fecundidad, o lo que es lo mismo, la capacidad de producir fruto, exige que soltemos las tensiones y las luchas de este mundo y que escuchemos a nuestro espíritu interior. Eso dará a nuestra vida una nueva dirección, paz y gozo.

## Falta de honestidad

Lo último que uno esperaría ver en una persona activamente codependiente es la falta de honestidad. Hace poco asistí a una reunión familiar donde les presenté a mis parientes a un querido amigo. Desdichadamente, eso produjo un gran mal entendido en cuanto a por qué yo había llevado a ese amigo a la reunión. En lugar de hacer frente al chisme, lo cual hubiera exigido más valor y esfuerzo de lo que yo quería mostrar, le resté importancia a gran parte de la tensión. Me retiré y me dije a mí mismo que estaba bien y que estaba protegiendo los sentimientos de otras personas, pero en realidad estaba anidando resentimiento y alejándome de los miembros principales de mi familia e ignorándolos. Por un breve espacio de tiempo me comporté de una manera codependiente, pero pronto me di cuenta de que necesitaba hacer una llamada telefónica y despejar mis sentimientos heridos.

Melody Beattie, en uno de sus libros sobre la codependencia titulado *Codependents' Guide to the Twelve Steps* [Guía de los codependientes a los doce pasos], habla de otras maneras en que los codependientes son deshonestos. Dice: "Gran parte de mi codependencia se centraba alrededor de mi creencia de que tenía que ser perfecta. Cuando me siento así, me vuelvo loca. Y oculto mi lado imperfecto de mí misma y de los demás".[4] Cuando se siente bien, a Beattie le resulta fácil hablar con los demás pero cuando se siente débil, ser vulnerable y pedir ayuda es difícil para ella. Igual que yo, necesita hablar con los demás y mostrar el lado de su personalidad que ella preferiría no mostrar. ¡Eso es lo que se llama honestidad!

## Ser el centro de atención

Los codependientes necesitan ser necesarios. Eso forma parte de esa "a-normalidad". Ser el centro de atención es bastante adictivo. Las personas complacientes experimentan un alza de su energía cuando saben que otras personas las buscan para que manejen las cosas. Se sienten como el motor de un tren, el capitán de una aeronave o el jefe de cocina de un restaurante de lujo. Todo gira alrededor de ellos.

Claro, ser el centro de atención tiene sus costos. Significa estar presente muchas veces, estar a la entera disposición de la gente. El que otros dependan de uno para tantas cosas puede ser agotador. Muchos creen que esa es la razón por la que los codependientes tienen una mayor tendencia a enfermarse. Muchas veces están cansados de lidiar con las excesivas responsabilidades que tienen.

Consuelo reflexionó en su vida y poco a poco se dio cuenta de toda la energía que empleaba pensando en los demás. Se sentía desgastada, cansada de desempeñar un papel tan grande en su familia inmediata y entre sus parientes más lejanos. Disfrutaba parte de la emoción de estar donde estaba la acción, pero no le gustaba el precio que estaba pagando.

Muchas personas complacientes se han criado con familiares que se niegan a aceptar su responsabilidad. Es por eso que las personas complacientes tienen problemas para lidiar con la responsabilidad. No es que no estén dispuestas a asumirla; más bien, no son capaces de soltarla. Al criarse con aquellos que no eran responsables, aprendieron a tensarse y se volvieron responsables en exceso.

## Ingenuidad

Schaef no es el único autor que conozco que asocia la ingenuidad con la codependencia. Si usted está leyendo este libro porque cree que podría describirle a usted hasta cierto punto, considerarse ingenuo puede ser difícil. Es posible que diga: *No puede ser que sea ingenuo.* Sin embargo, considere las posibilidades.

Las personas complacientes pueden seguir siendo sumamente activas, a pesar de las abrumadoras consecuencias negativas, porque esperan un resultado positivo. Están agotadas, la gente no aprecia sus esfuerzos, la vida de su familia sufre, pero nada de eso importa porque todo va a tener un final feliz. Schaef dice: "Los codependientes son jueces muy malos del carácter porque ven lo que quieren ver y escuchan lo que quieren escuchar".[5]

Aconsejar a las personas que tienen una personalidad complaciente es difícil debido a su negación. Esas personas construyen sistemas de creencias complicados para apoyar sus conductas codependientes. Hasta que no llegan al final de sus fuerzas, raras veces pueden ver las cosas como realmente son.

Me acuerdo de una mujer que estaba irremediablemente enredada con su hijo adulto. Ella y su esposo tenían graves problemas conyugales porque ella insistía en sacar de apuros a su hijo cada vez. Su adicción a las drogas había causado serios problemas económicos y judiciales. Pero no importaba. Ella creía que un poquito más de ayuda económica por parte de ellos resolvería sus problemas. "No puedo dejar que sufra —decía ella—. Usted no sabe lo que es ser madre y tener un hijo que sufre".

Apenas podía argumentar con ella. La señora justificaba sus acciones a pesar del conflicto conyugal que le causaban y del efecto destructivo que su comportamiento tenía en su hijo. Ella era lo suficientemente ingenua para creer que él se sometería a tratamiento cualquier día. Todavía no lo ha hecho.

## Pérdida de la moral

Cuando tenemos una necesidad abrumadora de agradar a otras personas, casi siempre somos deshonestos. Mentimos acerca de nuestras motivaciones. Mentimos acerca de nuestras intenciones. Y lo que es más importante, nos mentimos a nosotros mismos acerca de lo que es verdaderamente importante.

En su libro titulado *The Four Agreements* [Los cuatro acuerdos], que fue un éxito de librería, Don Miguel Ruiz afirma que debemos aprender a ser impecables con nuestra palabra. Toda desviación de ella es causa de alarma y separación de nuestro yo. Mentir es una forma de falta de honestidad y, por tanto, pérdida de la moral. Él comparte muchos ejemplos de personas que se apoyan en los demás para que les digan qué pensar y qué creer. Al hacer eso, pierden la noción de lo que es correcto y verdadero.[6]

En un libro que escribí anteriormente titulado *Men Just Don't Get It—But They Can: Nine Secrets Every Woman Should Know* [Los hombres no entienden pero pueden entender: Nueve secretos que la mujer debe saber], escribí acerca de la importancia de ser totalmente honestos con uno mismo acerca de sus problemas. La misma verdad se aplica aquí. Decirnos la verdad es más difícil de lo que podríamos imaginar. Para complacer a los demás debemos eludir la verdad, embellecer los puntos buenos y restar importancia a las duras realidades. Sin embargo, hacer eso significa que perdemos parte de nosotros en el proceso: perdemos la moral.

Consuelo admitió finalmente que había llegado la hora de ser honesta con Juan. Se dio cuenta de que estaba siendo deshonesta cuando fingía que era feliz y seguía desempeñando los roles que siempre había desempeñado. No estaba siendo sincera con su llamamiento, con la persona central que sabía que era. Tenía que decir la verdad a su esposo y a su familia.

## Temor, rigidez y enjuiciamiento de los demás

La escena es la campiña galilea, un paisaje árido y polvoriento. La cultura ha estado establecida por generaciones enteras. Las creencias religiosas están arraigadas firmemente, y la gente sabe cómo debe pensar y comportarse.

A esta tierra seca llega un hombre que no es como los demás. Mira a las autoridades religiosas directamente a los ojos y dice: "Oísteis que fue dicho… pero yo os digo…" Dice una verdad que sus oidores califican de herejía, y eso a la larga causa su arresto y ejecución. Ese hombre era Cristo, y todavía nos reta hoy para que tengamos cuidado con el temor, la rigidez y el enjuiciamiento a los demás.

> No juzguéis, para que no seáis juzgados. Porque con el juicio con que juzgáis, seréis juzgados, y con la medida con que medís, os será medido. ¿Y por qué miras la paja que está en el ojo de tu hermano, y no echas de ver la viga que está en tu propio ojo? ¿O cómo dirás a tu hermano: Déjame sacar la paja de tu ojo, y he aquí la viga en el ojo tuyo? (Mt. 7:1-4).

Las personas codependientes son famosas por ser rígidas, por tener actitudes críticas que brotan del temor. Como tienen tanto miedo de perder su autoestima, se aferran a sus rígidas creencias en un intento de controlar su mundo y el de los demás. Tratan desesperadamente de aferrarse a todo lo que han construido. Creen que son necesarios y que tienen el mando.

Muchos de nosotros hemos experimentado la incómoda presión de un amigo que quiere decirnos cómo debemos pensar. Imagínese por un momento que está siendo sumamente veraz con un amigo acerca de un problema que hay en su vida. Mientras cuenta la historia, practique ser totalmente honesto. *No* cuente la historia como si fuera la víctima inocente, el herido. Cuéntela tal cual. Admita que ha participado en el intercambio de descargas que lo dejó herido. Usted conoce su intención maliciosa, sus duras palabras y el veneno que está escondido en su corazón.

Ahora, imagínese que el mismo amigo procede a regañarle y avergonzarle. Le dice exactamente lo que debe hacer, precisamente qué medidas tomar, como si usted no tuviera otras opciones. Al hacerlo, lo denigra sutilmente. En resumen, su amigo le juzga y le hace saber que usted es menos que él. ¿Cómo se siente? ¿Qué cree? Usted ha sido sometido a un juicio basado en la vergüenza, un arma mortal en manos de una persona codependiente. Reconocer la estrategia del codependiente le permite comenzar a cambiar ese proceso destructivo. Verlo en usted puede abrirle los ojos a la verdad.

# Reflexión

Consuelo y Juan están conversando. Los temas son difíciles, pero al menos están sobre la mesa. La situación es amedrentadora para ambos a medida que caminan de puntillas hacia una nueva relación. Unos días son desalentadores; otros ofrecen algo de esperanza. Ambos ven ahora que el cambio es esencial. Mientras van mirando atrás a su matrimonio reconocen las características de la relación codependiente. Pueden identificarse con lo que la famosa autora y experta en codependencia Sharon Wegscheider-Crude dice en su libro titulado *Choicemaking* [Opciones]. Según Wegscheider-Cruse, el codependiente lleva una vida con las siguientes características. Dedique un momento para reflexionar en su propia vida mientras lee esta lista.

- Incapacidad de divertirse espontáneamente

- Problemas con la intimidad

- Incapacidad de saber lo que es normal

- Necesidad exagerada de aprobación de los demás

- Confusión acerca de la toma de decisiones

- Críticas estrictas

- Temor y negación de la ira

- Mentiras y exageración

- Temor al abandono

- Tendencia a buscar personas de las cuales ocuparse

- Necesidad de controlarse a sí mismo y a los demás[7]

Esta lista tiene mucho en común con lo que he compartido de la obra de Anne Wilson Schaef. Evidentemente, las personas complacientes no son tan felices como serían si aprendieran a vivir su propia vida. De eso precisamente se trata este libro. Y es posible para usted.

Los rasgos de la codependencia ofrecidos en este capítulo pueden parecer abrumadores, pero espero que usted permita que el contenido le llegue bien adentro y le estimule a crecer. Desgraciadamente, para superar la codependencia debe primero desglosarla. Es solamente cuando las viejas maneras dejan de dar resultado que usted estará preparado para probar un nuevo enfoque. ¿Está listo para el cambio? Tal vez crea que la tarea es demasiado grande, pero la verdad es que usted puede superar el problema, paso a paso.

# Capítulo tres

# Perdido en su matrimonio y familia

*El valor del matrimonio no es
que los adultos producen niños,
sino que los niños producen adultos.*

PETER DE VRIES

Tenía los ojos llenos de pánico. Lo único que podía ver era una inmensa cantidad de piernas en pantalones vaqueros. Se aferró a una de ellas como si se tratara de salvar su vida, y por un momento estuvo contenta. Miró hacia arriba con la esperanza de ver el rostro tranquilizador de su madre. Pero no fue así. Sus ojos azules se abrieron aún más, y dejó salir un grito espeluznante que comunicaba todo su temor.

Perderse es sumamente aterrador. Los niños hacen casi cualquier cosa por no sentirse perdidos, para evitar ese asimiento aterrador y cargado de adrenalina a la pierna de su madre. Los niños que empiezan a caminar se aventuran a salir al mundo, pero la mayoría nunca se aleja tanto que no sepa dónde está exactamente su madre. Si la dejamos de ver, aunque sea por un momento, comenzamos a asustarnos y a gritar.

Para los adultos tampoco es agradable perderse. Puede que nosotros seamos más seguros y estemos más dispuestos a aventurarnos, a correr riesgos mayores, pero por lo general permanecemos dentro de una zona en la que nos sentimos cómodos. Todavía queremos evitar sentirnos demasiado al límite. Nos movemos repetidamente en muchos de los mismos círculos, por lo que no tenemos que afrontar nada demasiado nuevo ni arriesgado. Podemos sorprendernos al descubrir que a pesar de que andamos por los mismos caminos desgastados, tal vez nos estemos perdiendo. ¿Cómo puede suceder eso? La vida cambia. Nuestras necesidades cambian. Tenemos que reflexionar sobre dónde estamos y cuáles son nuestras necesidades diarias. Analice la siguiente situación y considere de qué forma su vida puede ser similar.

## Alicia

Alicia era una mujer de 45 años de edad de contextura fuerte y medios modestos que vino a verme en busca de consejería. Su chaqueta de nilón parecía tener varios años de antigüedad y tenía las mangas muy sucias. Las bolsas que tenía debajo de los ojos y sus hombros caídos le hacían parecer mayor de lo que era. Nunca antes había estado en consejería y se preguntaba si era lo mejor para ella en ese momento. Me dijo que había vacilado sobre ir o no durante muchos meses. Su esposo, Jaime, había sufrido un grave accidente de trabajo varios años atrás. Se lesionó la espalda al caerse de un andamio, lo cual lo dejó sin trabajo y con un dolor crónico. Las cirugías le habían aliviado un poco pero no le habían eliminado el dolor completamente. Él desearía estar activo en su taller y reedificar cosas, pero es preciso que tenga cuidado con sus actividades.

Ese acontecimiento había alterado trágicamente la vida económica y emocional de Alicia y de Jaime. Les costaba mucho estirar el dinero, pues su único ingreso era el seguro estatal contra accidentes de trabajo. Aquello representaba un reto considerable para una pareja que tenía tres niños en la escuela. Toda la familia sentía los efectos de aquel accidente.

Mientras hablábamos del motivo por el cual ella acudió a la consejería me di cuenta rápidamente de que el accidente no era el problema principal. El accidente apenas reveló problemas que estaban latentes hasta que la catástrofe los sacó a la superficie. Su esposo se había recuperado del accidente, pero su matrimonio no era el mismo.

Hasta ese acontecimiento traumático, Alicia y Jaime habían disfrutado de una vibrante y significativa sensación de conexión.

Ella lo había idolatrado y él esperaba muchos favores, pero ella creía que él agradecía sus esfuerzos y por lo general la hacía sentir amada. Sin embargo, después del accidente, las cosas comenzaron a cambiar. Jaime poco a poco se volvió más absorto en sus problemas y menos atento al bienestar de su matrimonio. Le hablaba mal a su esposa y estaba cada vez más irascible. Se sentaba frente a la computadora o al televisor y se distanció de la familia.

Mientras Alicia contaba su historia me dijo que en ese momento no se sentía apreciada. Ella siempre había sido la persona que se ocupaba del matrimonio pero se había sentido apreciada. Ahora Jaime se había vuelto más egocéntrico y menos preocupado por el bienestar de ella. Sentía que, en vez de ser ayuda, era una sirvienta. Jaime esperaba que ella preparara todas las comidas y dependía de ella para que la casa funcionara. A él le faltaba iniciativa y parecía un poco deprimido.

Alicia me hizo partícipe de cómo su papel de madre había cambiado también. Sus hijos, que en ese momento eran adolescentes, estaban muy concentrados en sus propias vidas. Esperaban que ella los transportara de un evento deportivo a otro o de la casa de un amigo a otra. Para cuando Alicia vino a verme, estaba furiosa.

Alicia y yo repasamos cómo ella se había perdido en el terreno conocido de la vida de familia. No todo había sucedido de una vez (raras veces sucede). Explicó que había crecido en una familia tradicional donde se esperaba que las mujeres sirvieran a los hombres. Las mujeres se mantenían ocupadas cocinando, limpiando y cuidando a los demás. Ellas seguían el estilo de vida que la cultura les prescribía. Si no estaban ocupadas, a menudo se sentían culpables de que tal vez estaban descuidando algo o a alguien.

Mientras exploramos la historia familiar de Alicia, ella se dio cuenta de que siempre había ignorado sus propias necesidades por el bien de su familia. Se aseguraba de que los demás se estuvieran divirtiendo para ella poder relajarse, permitía que los demás tomaran decisiones importantes, complacía a los demás en lo que querían hacer y ocultaba su ira y frustración. Nunca había pensado en vivir de una manera diferente... hasta ese momento.

Durante sus sesiones de consejería, Alicia comenzó a ver que el problema había tomado años en desarrollarse. La tormenta se había estado gestando desde la niñez, y el accidente simplemente trasladó las cosas a un primer plano. Escuchemos a Alicia mientras nos cuenta su historia.

He estado cuidando de mi esposo y mis hijos durante años. Siempre quería complacerlos. Me daba mucha satisfacción poner una mesa maravillosa y reunir a la familia. Caminaba la milla extra para ver a los niños contentos. Quería que Jaime regresara a casa del trabajo y se sentara con los pies en alto y se relajara. Si él estaba relajado, la familia entera estaba relajada. Nunca me di cuenta de que yo podría sentir resentimiento por cuidar a todo el mundo, pero así es. Miro atrás y veo que nadie me ha cuidado a mí. Yo ni siquiera me cuidaba a mí misma. Ignoraba mis propias opiniones y sentimientos cuando era niña y he hecho lo mismo de adulta. Finalmente estoy comenzando a comprender que esa no es la forma en que quiero vivir.

Le pregunté a Alicia si ella le había pedido a alguien que prestara atención a sus necesidades. ¿Alguna vez había pedido ayuda?

Nunca. Suponía que si hacía cosas por los demás, ellos harían cosas por mí. Tal vez pensaba que ayudar a los demás era su propia recompensa. Suponía que la familia pensaría igual que yo, que cuidarían de los demás y harían lo que fuera necesario. Me ha tomado todo este tiempo darme cuenta de que yo era la única que pensaba así. Mi esposo y mis hijos piden ayuda fácilmente, pero no ofrecen mucha ayuda. Y ahora veo que yo creé esa situación.

## Síntomas de estar perdido

Alicia está perdida. Vino a mi consultorio con profundos sentimientos de temor y ansiedad, como si estuviera buscando desesperadamente el rostro consolador de su madre. Estaba tratando de navegar por el desconocido terreno de las necesidades y deseos de otras personas sin los hitos de sus propias emociones y opiniones. Necesitaba ayuda para encontrar el camino de regreso.

En el capítulo anterior vimos muchas razones por las que podemos perdernos en el camino, muchas de ellas vinculadas a la personalidad codependiente o complaciente. Tal vez usted pudo identificarse con algunas de ellas y elaborar un plan para cambiar. Examinemos de cerca los síntomas que presentamos cuando nos perdemos en nuestro matrimonio y nuestra familia. Estas características se citan en el libro titulado *Choicemaking* [Opciones] de Sharon Wegscheider-Cruse.

## Incapacidad de saber lo que es normal

Muchas mujeres que vienen a consultarme se han perdido en el camino. A menudo están buscando desesperadamente a alguien que pueda ayudarles a encontrar su camino de regreso. Por desgracia, eso no siempre es posible. A veces han ocurrido cambios tan drásticos que no es realista regresar. En ocasiones es preciso localizar un nuevo camino y un nuevo hogar.

Muchas mujeres pierden su sentido de la perspectiva. Perciben que las cosas no están bien pero se dicen a sí mismas que así es como todo el mundo vive. No están seguras de lo que sienten, no están seguras de si están analizando la situación con precisión o no. Puede que también cuestionen incluso si tienen derecho a estar insatisfechas.

Cuando nos vamos de excursión al bosque nos podemos perder con solo desviarnos unos cuantos grados de la dirección correcta. De la misma forma, perder nuestro camino en un matrimonio y en la familia puede ocurrir de manera muy sutil. Las mujeres raras veces reconocen lo perdidas que están. Por lo general dicen: "He vivido así durante años. No conozco otra forma. Mi esposo me dice que todo está bien, que somos una pareja típica y que yo espero que la vida sea un cuento de hadas. Sin embargo, yo comienzo a sentir pánico. ¿Es esta realmente la mejor forma de vivir?".

Cuando Alicia comenzó a percibir que las cosas estaban mal, tuvo que superar su negación del problema. De hecho, ella esperó cuatro años para comenzar la consejería porque se decía constantemente que las cosas no estaban tan mal. Usaba dosis diarias de negación para adormecer el dolor de vivir una vida desalentadora. Para que su vida fuera tolerable, decidió que sus problemas eran normales. Para cuando vino a verme, no sabía la diferencia entre lo que era normal y correcto, y lo que no lo era.

Igual que muchos otros, Alicia quería que yo le dijera que no se estaba imaginando el problema. "¿Estoy loca? ¿Es así como viven otras mujeres? ¿Debería estar satisfecha con la manera en que están las cosas?"

Si bien es cierto que yo estaba dispuesto a asegurar a estas mujeres que la vida muchas veces es sumamente frustrante, quería que reconocieran su propio sentido de lo que es bueno y malo. Quiero que confíen en su capacidad de juzgar la situación. Sin embargo, soy consciente de que muchas mujeres durante mucho tiempo no han confiado en su opinión y han buscado a otras autoridades para que les digan cómo se deben sentir. Pero Dios nos ha dado a cada uno de nosotros la capacidad de examinar la situación y juzgarla. Nuestra percepción tal vez se haya distorsionado pero podemos recuperar el foco. Usted puede aprender a confiar en sus impresiones otra vez.

Mary Field Belenky, et al., en su libro titulado *Women's Ways of Knowing* [La manera de saber de las mujeres], señala que las mujeres han sido enseñadas a "dedicarse a cuidar y dar poder a los demás mientras ellas permanecen 'abnegadas'. Culturalmente, les han enseñado a acallar su voz y a servir a los demás en la familia y la sociedad".[1]

## Necesidad exagerada de aprobación

Perderse en un montaje de opiniones que difieren puede ser amedrentador. Estar en desacuerdo con los demás puede ser difícil en las mejores circunstancias. De hecho, a muchos de nosotros nos han enseñado a no estar en desacuerdo con los demás, sobre todo con las personas que están en posiciones de autoridad. Debido a un aprendizaje anterior y una autoestima vacilante, nuestra necesidad de la aprobación de los demás se vuelve a menudo exagerada. Como resultado de ello se establece un círculo vicioso en muchas relaciones.

La mujer desea complacer a su esposo porque disfruta lo que se siente al ver cómo se agrada él de ella. Supongamos que ella tiene una necesidad exagerada de esa aprobación y que a él le gusta tener el control. El ciclo se producirá una y otra vez y el patrón se vuelve reforzador en sí mismo: cuando delega en él, él se alegra de tener ese control y demuestra que está contento con ella. Ambos se sienten bien. De hecho, creen que han encontrado la clave de una relación saludable. Si ese patrón se repite miles de veces se convierte en una segunda naturaleza.

¿Por qué algunas personas tienen una necesidad exagerada de aprobación? Eso puede ocurrir por muchas razones, pero la más común es la falta de autoestima. Para muchos, el riesgo de provocar el desagrado o la ira de alguien es demasiado amedrentador. Para preservar su autoestima, dan la preferencia a los demás.

Pero ¿qué tiene de malo dar la preferencia a los demás? ¿No es eso lo que estamos llamados a hacer como cristianos? Eso es verdad solo en parte. Es suficientemente verdad como para crear una gran confusión. Seamos claros acerca de nuestras definiciones.

## Una autoestima saludable

Una autoestima saludable no es lo mismo que un sentido exagerado de importancia propia. Las Escrituras nos retan una y otra vez a no tener un concepto demasiado alto de nosotros. Más bien se nos dice que nos veamos "con cordura, conforme a la medida de fe que Dios repartió a cada uno" (Ro. 12:3). La autoestima, para nuestros fines, significa tener un claro sentido de quiénes somos. Significa saber la verdad acerca de nuestro valor como creación de Dios. Las Escrituras ilustran repetidamente nuestro valor llamándonos "hijos de Dios" y "real sacerdocio" y explicando que somos creados a imagen de Dios. Eso es una amplia evidencia de nuestra valía innata. Sin embargo, si nuestro sentido de autoestima se afirma en las opiniones de otras personas sobre nosotros o nuestro desempeño, estamos condenados a sentirnos fracasados.

Somos llamados a "[someternos] unos a otros en el temor de Dios" (Ef. 5:21), pero eso no significa que debamos maltratarnos a nosotros mismos en el proceso. De la misma forma en que somos llamados a usar nuestros dones para servir al cuerpo de Cristo, también se nos reta a cuidarnos a nosotros mismos (1 Co. 3:16-17; 6:19-20). Somos el templo del Espíritu Santo y debemos ocuparnos meticulosamente de nuestro bienestar.

Por último, debemos entender que a menos que nos cuidemos, no podremos cuidar a los demás adecuadamente. Las Escrituras nos dicen eso (Hch. 10:28; 1 Ti. 4:16) y además lo sabemos por intuición. ¿Quién puede ministrar a otros cuando no se ha proporcionado a sí mismo el debido descanso, sostén, ejercicio e interacción social? Aunque Jesús era capaz de hacer milagros, vemos su ejemplo de cómo se retiraba de las multitudes para poder descansar y prepararse para los rigores de su ministerio. Debemos tratarnos a nosotros y a los demás como personas que tienen un valor especial. Menos de eso es intolerable. Esa es una doctrina bíblica y esencial que debemos aceptar como cristianos.

## Cuando se evita tomar decisiones

Muchas mujeres me dicen: "Ya no sé lo que pienso. Antes era muy decidida. Sabía lo que creía y podía expresarlo con claridad. Ya no es así. Estoy preocupada por mí".

Otro síntoma de codependencia y de conducta complaciente es evitar tomar decisiones. La capacidad de analizar una situación y determinar un curso de acción es uno de los dones más grandiosos que Dios nos ha dado. Sin embargo, se puede desarrollar fácilmente un círculo vicioso en el cual uno evite tomar decisiones. Y cuanto más se evita tomar decisiones, más difícil es acabar con el círculo.

Mi madre procede de una larga línea de cuidadores maravillosos. Ella siempre ha sido una sierva y se deleita en satisfacer las necesidades de los que van a su casa. Si alguien se va con hambre de alguno de sus bufets suecos, algo anda muy mal. No obstante, en años recientes le he estado haciendo bromas acerca de su falta de decisión. Cuando el grupo decide dónde se va a reunir la familia la próxima vez, su respuesta invariablemente es "me da igual".

Supongo que eso es verdad; ella preferiría que otros tomaran la decisión. Pero yo deseo saber lo que ella piensa. Ella es importante para mí y quiero que se escuche su voz. Entonces, cuando ella afirma que le da igual, le doy una mirada que en este momento me permite darle. Le digo: "¡Vamos, mamá! Dinos lo que tú quieres". Entonces sonríe y da su opinión pero lo hace de manera vacilante.

Tal vez usted se pueda identificar con mi mamá. Es posible que haya obedecido un cierto patrón hasta que se perdió y se volvió impotente en el molde de decisiones de la familia. Tal vez se dijo a sí mismo:

- No importa mucho.

- Me da igual.

- No puedo decidir.

- Quiero que los demás estén contentos.

- No sé lo que pienso.

Deténgase un momento a considerar un nuevo camino:

- La familia necesita saber lo que usted piensa.

- Su opinión vale.

- Cuando usted ejercita los músculos que toman las decisiones, esos músculos se fortalecen.

- Su indecisión puede molestar a los demás.

- Tomar decisiones es una forma de expresar su personalidad.

## Temor y negación de la ira

El enojo de Alicia era palpable en la habitación. Cuando ella hablaba de su esposo, Jaime, apretaba los dientes. Se comía las uñas hasta que quedaban en carne viva. No había dormido profundamente en meses. Sin embargo, cuando le pregunté si estaba enojada, rápidamente contestó: "¡Oh, no!" Los codependientes tienden a negar sus sentimientos. Parece que viene con el paquete.

Kay Marie Porterfield, en su libro titulado *Coping with Codependency* [Cómo lidiar con la codependencia], dice: "Cuando somos codependientes estamos tan ocupados tratando de escapar de nuestra ira, vergüenza y dolor que nos cuesta saber cómo nos sentimos. Por encima estamos adormecidos pero, en lo profundo, nuestros sentimientos nos están devorando".[2]

Yo me sentía auténticamente preocupado por Alicia. Veía cómo luchaba con sus sentimientos. A pesar de que negaba estar enojada, veía que la rabia la devoraba. Ella consumía la ira tan ciertamente como la ira la consumía a ella. Sus sentimientos se notaban en sus síntomas: la manera sarcástica en que hablaba de su esposo, su comer en exceso y falta de sueño, la forma en que regañaba a los niños cuando estaba descontenta. Y al mismo tiempo, también sentía la necesidad de proyectar una imagen de propiedad hacia él. ¡Qué sola debió sentirse mientras tenía dentro aquel torrente de sentimientos atrapados!

Muchas mujeres aprendieron temprano en la vida a adormecer sus sentimientos para poder lidiar con ellos. Ese adormecimiento es un sustituto deficiente de una esperanza genuina ante la adversidad constante. Aún así, cuando el reto de mantener la esperanza se vuelve abrumador, mucha gente opta sencillamente por silenciar su propia voz y retirarse en adormecimiento. Y cuanto más tiempo está adormecida la voz, más difícil es de recuperarla.

## Temor al abandono

El mayor riesgo para la persona complaciente es que los demás no aprueben sus pensamientos y acciones. Tal vez le miren con la nariz arrugada, el ceño fruncido y una mirada helada y le digan: "¿Que crees qué?". O puede que digan, literalmente: "Debes estar bromeando". Espero que usted viva en un mundo que acepte sus nuevos esfuerzos de ser decisivo. Sin embargo, si ese no es el caso, expresar su punto de vista puede significar arriesgarse al abandono emocional. Puede significar arriesgarse a que algunas personas muy importantes en su vida le desaprueben. Esa es una consecuencia que tendrá que considerar si su felicidad está en juego.

Porterfield explica que los codependientes son personas que necesitan a las personas. Han llegado a apoyarse en la aceptación total de otras personas aunque eso tenga un precio alto. Ella dice:

"Para que los demás nos quieran, nos volvemos personas complacientes. Preferimos ser los que dan y no los que reciben, ya sea halagos, ofrecimientos de ayuda o regalos. Medimos nuestra valía por las personas que nos rodean: Si nos aprueban, debemos estar bien; de lo contrario, algo debe andar mal en nosotros".[3]

El temor al abandono no es un asunto pequeño. Hemos sido creados para relacionarnos con los demás y arriesgarnos al rechazo es muy significativo. Eso es cierto sobre todo cuando una relación es esencial para la sensación de bienestar de uno. Escuchemos de nuevo una sesión reciente de consejería con Alicia mientras ella luchaba por afirmarse a sí misma en su matrimonio de mucho tiempo.

"¿Se ha vuelto su esposo más irascible últimamente y ahora la rechaza?" —le pregunté.

"Sí —me dijo—. Las cosas han empeorado en los últimos cuatro años, desde el accidente. No quiero forzarlo porque se enoja más cuando le hago preguntas sobre nuestra relación. Dice que no quiere hablar de ello. Se encoge de hombros y dice que no es importante".

"Es decir, ¿cree que tiene que andar con mucho cuidado con él?"

Alicia hizo una mueca y alejó la mirada. Agarró fuertemente el forro del brazo de su sillón.

"Yo trato de ocuparme de los niños y sus actividades pero extraño la cercanía que teníamos. Echo de menos las caminatas que dábamos, cómo nos acurrucábamos en el sofá para mirar una película. Siento que lo he perdido. No me habla mucho y parece que se distancia cada vez más. Sé que el accidente le duele pero no quiere hablar de sus sentimientos. Creo que nunca ha sido muy bueno para hablar de las cosas que le molestan. Pero ahora es peor".

"¿Qué sucede cuando habla con él?"

"La verdad es que no hablo mucho con él sobre nosotros. Se molesta y no aguanto que se enoje conmigo. Se distancia incluso más cuando no está contento".

"Y usted se siente impotente. No puede conversar con él de sus problemas y parece que no puede impedir que se distancie de usted".

"He estado tan molesta últimamente que le pedí que viniera a consejería. Me dijo que no le interesaba. Dijo que no tenía intención alguna de hablar de nuestros problemas con un extraño y que yo le estaba dando mucha importancia a las cosas. Me temo que si le exijo algo me dirá que me vaya. No quiero arriesgar 25 años de matrimonio. No quiero ser la responsable de que los niños pierdan a su padre. Por eso aguanto las cosas como son. No me parece que tenga muchas otras opciones".

"¿Cree usted que cambiará solo, Alicia?"

"Sé que me estoy engañando. Creo que no sé qué hacer".

Alicia enfrenta una situación muy difícil. Su esposo está pasando por su propia crisis y, en el proceso, está creando otra crisis para su matrimonio. Sin embargo, no deberíamos ver su accidente y posterior insatisfacción como la causa primordial de sus problemas. El accidente sencillamente reveló su naturaleza controladora y distante que estaba latente. Jaime y Alicia probablemente ya estuvieran de camino a una crisis. Algo tenía que pasar que hiciera que Alicia se diera cuenta de que se estaba perdiendo en el matrimonio.

También podemos ver que tener tres hijos en el torbellino de la adolescencia ha complicado sus problemas. La concentración de sus hijos en ellos mismos hace que Alicia se sienta incluso menos apreciada. Sin duda alguna, ella y su esposo han preparado el escenario para que los niños esperen ser mimados. Solo tenemos que mirar a su relación con Jaime para encontrar la evidencia de eso, y todo eso ha hecho que Alicia se sienta incluso más victimizada. Aunque el reto es grande, Alicia debe transformar esa crisis pidiendo un cambio a gritos.

## Necesidad de excesivo control

En el capítulo anterior vimos que los problemas de control son centrales en el tema de la codependencia y la personalidad complaciente. Esto puede parecer sumamente contradictorio. ¿Cómo podemos sugerir que el codependiente está buscando control cuando siente, de tantas formas diferentes, que ha perdido el control? Sin embargo, la mayoría de los codependientes están trabajando extra para que las cosas salgan justo como ellos las quieren. Están pensando en un resultado en particular y no están contentos cuando las cosas salen mal. Se toman esas situaciones a título personal porque han hecho una inversión extraordinaria en el resultado.

El bienestar del codependiente depende de los demás y, lo que es más importante aún, en que a los demás les vaya bien. Por medio de su conducta, los codependientes dicen: "Cuando tú estás bien, yo estoy bien. Cuando tú no estás bien, yo no estoy bien". Para garantizar que se sientan bien, planifican resultados. Les cuesta mucho ser flexibles. En su exitoso libro titulado *Women Who Love Too Much* [Mujeres que aman demasiado], Robin Norwood arroja un poco de luz en el interesante tema del control:

> Cuando la gente hace esfuerzos para ayudar a personas que proceden de antecedentes infelices, o que tienen relaciones tensas en el presente, siempre debe sospecharse de una necesidad de control. Cuando hacemos por alguien lo que esa persona puede hacer por sí misma, cuando planificamos el futuro o las actividades diarias de otra persona, cuando apremiamos, aconsejamos, recordamos, advertimos o convencemos con zalamerías a otra persona que no es un niño pequeño, cuando no podemos soportar que esa persona afronte las consecuencias de sus actos por lo que tratamos de cambiar esos actos o de desviar las consecuencias, eso es controlar. Nuestra esperanza es que si podemos controlar a esa persona, entonces podremos controlar nuestros propios sentimientos en el punto en que nuestra vida toca la vida de esa persona. Y por supuesto, cuanto más nos esforzamos para tratar de controlar a esa persona, menos lo logramos.[4]

Podemos ver fácilmente por qué las mujeres son particularmente propensas a la codependencia. Tal vez estén inclinadas a ese método de control porque muchos hombres inconscientemente desean que alguien les sirva de madre. Por otro lado, muchas mujeres necesitan desempeñar el papel de madre. Por fortuna, a cualquier edad, usted puede aprender a dejar de fungir como madre para los hijos que han crecido de más. Ese es un paso necesario para tomar control de su vida.

Las mujeres no son las únicas propensas a los problemas de control de codependencia. Me acuerdo de un hombre joven llamado

Eugenio que vino a mi consultorio porque quería que su familia "se llevara mejor". Estaba cansado de las peleas sin cesar entre sus cuatro hijos. Él deseaba la armonía desesperadamente. Al principio, yo pensé que su meta era honorable. Su esposa creía que la meta era también digna pero ella era un poquito más práctica. "Los niños son así, Eugenio —decía ella—. Déjalos ser niños mientras sean lo suficientemente pequeños como para disfrutarlo".

El deseo de Eugenio de consejería era inusitado por muchas razones. En primer lugar, por lo general los hombres no acuden a mí en busca de ayuda, aunque yo estaba encantado de que él lo hiciera. En segundo lugar, por lo general no suelen acudir para buscar mayor unidad en sus familias. Repito, yo estaba muy contento porque él estuviera lo suficientemente preocupado por el bienestar de su familia como para estar dispuesto a romper con aquel estereotipo.

Poco después de que llevara a la familia a consejería me di cuenta de que sus metas no eran realistas. Era evidente que él deseaba que sus hijos "se quisieran y se llevaran bien". Ese era un ideal maravilloso pero no muy realista. Sus hijos se dieron cuenta más rápido que él que sus metas no se podían alcanzar. Casi inmediatamente durante la sesión familiar, los niños anunciaron que no se les podía obligar a quererse siempre. Dijeron que se amaban unos a otros pero tenían el discernimiento suficiente para darse cuenta de que no siempre se llevarían bien.

Aunque Eugenio tenía unas metas específicas en mente cuando acudió a la consejería, vio al poco tiempo que tenía que trabajar en algo completamente distinto. No podía dictar cómo se sentían sus hijos con respecto a los hermanos. Descubrió que podía manejar su conducta pero tenía que reducir sus expectativas en lo referente a sus sentimientos. También necesitaba desistir de su deseo de apremiar a su esposa a que dictara los sentimientos de sus hijos. En pocas palabras, tenía que desistir de un poco de control.

## Problemas con la intimidad

A los codependientes les aterra la idea de ser heridos, por lo que muchas veces tienen dificultades con la intimidad. Esto también puede parecer algo contradictorio. Las personas que complacen a los demás desean ser aceptadas, aborrecen los conflictos y quieren que otros los quieran. Parecería que esa es la receta perfecta para la intimidad. Sin embargo, a menudo les cuesta mantener relaciones estrechas. Eso puede ser un poquito difícil de comprender.

Considere la naturaleza delicada de un matrimonio saludable. Aquí vemos una pareja que tiene la libertad de discrepar uno con el otro. Se les permite que funcionen como personas separadas y singulares.

Dios dijo que no era bueno que el hombre estuviera solo, y por eso creó una ayuda idónea para él. Dios no creó a otro hombre para que consolara a Adán. Tal vez porque quería llevar un poco de emoción a la vida de Adán, Dios creó a una mujer. Alguien muy diferente a él. Las dos criaturas separadas y singulares debían complementarse mutuamente.

Ahora considere qué sucede si uno o ambos son incapaces de funcionar como personas distintas. ¿Qué sucede si uno está demasiado interesado en la armonía? ¿Qué sucede si uno necesita agradar al otro en vez de expresar opiniones y ofrecer dones libremente en la relación? Más aún, ¿qué sucede si uno envía un mensaje dual: "Acércate pero mantente alejado", como sucede muchas veces con los codependientes? El deseo de intimidad se oculta bajo un temor de perder aspectos de la personalidad que se adquirieron con mucho esfuerzo. Ese toma y daca crea un caos enorme en el matrimonio.

Muchos rasgos que acompañan a la codependencia pueden causar destrozos en un matrimonio. Por ejemplo, evitar los conflictos puede ser devastador para una relación. Los conflictos deben salir a la luz de vez en cuando para cambiar patrones destructivos que se desarrollan, como es el caso de Alicia y Jaime. Toda relación depende de la exhibición abierta de emociones para crear intimidad. Cuando uno o ambos integrantes de una pareja evitan compartir sus emociones, la cercanía auténtica es imposible.

Melody Beattie, en su libro titulado *Codependents' Guide to the Twelve Steps* [Guía de los codependientes a los doce pasos], comparte otro patrón interactivo que puede perjudicar las relaciones. "Es posible que esperemos el rechazo cuando no está próximo. Es posible que caigamos en la trampa de nuestras viejas creencias: que nadie nos puede amar, que somos incompetentes y que no merecemos nada. Con esas viejas creencias nos hacemos daño, y las mismas pueden hacer daño a nuestras relaciones".[5]

La verdadera intimidad, tal como Dios la diseñó, consiste en dos personas que se juntan en vulnerabilidad y transparencia. Ambos tienen una sensación saludable del valor porque saben que Dios y su cónyuge los estiman. El amor florece en ese marco de seguridad. Uno puede experimentar la verdadera intimidad si está dispuesto a abandonar la conducta de querer agradar a la gente.

## Hombres controladores

Algunas relaciones son particularmente perturbadoras porque presentan un patrón de conducta que merece atención especial. Los hombres dominantes controlan demasiados hogares. En esos hogares, las mujeres deben retirarse para preservar su vacilante sentido de estima.

Patricia Evans, destacada autora del libro *Controlling People* [Gente controladora], nos ayuda a comprender la dinámica que hay en las relaciones en las que los hombres son sumamente controladores. Prepara el escenario para informarnos: "Cuando la verdad de nuestro ser se nos refleja claramente, nos conocemos a nosotros mismos y confiamos en nosotros mismos. Nuestro conocimiento propio mejora y permanecemos conectados a nosotros mismos. Entonces tenemos la capacidad... de resistir la conducta controladora".[6] Sin embargo, si usted se crió necesitando la aprobación y afirmación de los demás para definirse, es posible que se sienta atraído hacia personas controladoras. Y muchos hombres están listos y dispuestos a controlar a las mujeres.

Evans señala que los hombres controladores tienden a definir las personalidades de las mujeres a las que controlan. Las mujeres aceptan de buena gana seguir perdidas. En lugar de mantener sus propias opiniones, permiten que la persona controladora les diga cómo deben comportarse, pensar e incluso sentir. Cuando la mujer se atreve a expresar su opinión, el hombre la convence de que no debe tener pensamientos tan "agresivos". Critica sus pensamientos, actos e incluso sus sentimientos. Es poco lo que puede hacer para complacer a un hombre controlador porque su independencia viola su necesidad de control.

Con el tiempo, las mujeres controladas aprenden a desconfiar de ellas mismas. Adormecen sus sentimientos y se comportan como robots. "Han aprendido a negar su propia sabiduría y han aceptado la definición que otras personas tienen de ellas sin darse cuenta siquiera. Se desconectan de sí mismas y construyen una identidad que no está arraigada en la experiencia, sino construida de o en reacción a ideas, expectativas y valores de otras personas".[7]

Dejar de existir espiritual y emocionalmente es trágico. Es la antítesis de lo que el Señor desea para nosotros. Viola los preceptos del evangelio y la santidad de cada vida. Si usted se encuentra en una relación sofocante, controladora, puede comenzar a tomar medidas expresando su opinión y comunicando sus pensamientos, intenciones y sentimientos.

## ¿Por qué son controladores los hombres?

Al leer este material por primera vez tal vez piense que un hombre controlador sea diabólico. Pero raras veces sucede eso. Aunque las razones por las que los hombres son controladores no se explican fácilmente, Evans sugiere que:

- Los hombres dominantes tienen una necesidad de estar en lo cierto porque no se conocen internamente y se sienten amenazados por puntos de vistas diferentes. Si somos capaces de permanecer conectados a nosotros mismos y a Dios, podemos estar equivocados acerca de algunas cosas sin sentirnos amenazados sobremanera.

- Los hombres dominantes tienen una necesidad de sentirse un tanto por encima porque, para sentirse superiores, no pueden sentirse retados. Su autoestima es tan frágil que no saben lidiar con los cuestionamientos.

- Los hombres dominantes tienen que ganar porque necesitan estar en lo correcto. Ganar es más que un juego para los controladores.

Los hombres controladores emplean una variedad de tácticas para mantener el poder. Puesto que se sienten amenazados fácilmente, pueden recurrir a diferentes conductas para evitar sentirse vulnerables. Cuando usted comience a reafirmarse y a encontrar su camino, es posible que note que las tácticas del hombre controlador aumentan.

- Aislamiento: las amistades de usted o sus actividades externas podrían hacerle sentir amenazado. Él puede exigir que usted se vaya directo del trabajo a casa, y tal vez no apruebe sus amistades.

- Abuso verbal: puede que use la ira en combinación con otras tácticas para atemorizarla. Tal vez recurra a insultos o amenazas para hacerla sentir vulnerable.

- Juicio: es posible que critique en exceso sus actos. Nada de lo que usted haga merecerá su aceptación o afirmación.

- Distanciamiento emocional: es posible que él le haga saber que lo que usted hace es incorrecto. Usted pagará por ello con el distanciamiento emocional de él.

- Abuso espiritual: puede que use las Escrituras para manipularle y obligarle a cumplir sus deseos.

Repasemos de nuevo nuestra conversación sobre Alicia y Jaime. La autoestima de Jaime, su valor de sí mismo como el que sostiene a la familia, se ha visto afectada como resultado de su accidente. En parte, esa es la explicación de su conducta hacia Alicia. Sin embargo, lo único que logró su accidente fue sacar a relucir su personalidad controladora. Su vulnerabilidad dio como resultado un sentimiento de impotencia y él respondió castigando a Alicia. La culpó de todo lo que salía mal en la casa. La criticó sin misericordia. Otras veces se alejaba de ella, indicando con ello su disgusto de una manera pasivo-agresiva.

Cuando trabajé con Alicia hice hincapié en que verse como víctima no la ayudaría en nada, aunque hasta cierto punto ella es una víctima. A medida que comienza a encontrar su camino, Alicia tendrá que creer que no es malo tener sentimientos y tendrá que identificar los sentimientos que ha ocultado durante tanto tiempo. Su tarea es usar toda situación como una oportunidad de aprender más acerca de sí misma, apoyarse en el Señor para que le dé discernimiento y fortaleza para afirmarse a sí misma y tomar las medidas apropiadas. Cuando la conducta controladora de Jaime deje de surtir efecto, él dejará de usarla.

## Cómo establecer límites saludables

En su influyente obra titulada *Boundaries* [Límites], John Townsend y Henry Cloud instruyeron a millones de personas en la importancia de establecer límites.[8] Ese libro tocó las fibras del corazón de los lectores que reconocieron la importancia de ser personas separadas pero interdependientes.

Los autores nos recuerdan que las Escrituras están repletas de ejemplos de límites, que Dios estableció este universo sobre la base de los límites. Los límites geográficos nos ayudan a definir dónde comienza y termina nuestra propiedad. Los límites emocionales, espirituales y físicos nos ayudan a determinar qué es y qué no es nuestra responsabilidad. Los límites son maneras maravillosas de hacer saber a la gente quiénes somos y quiénes no somos.

Si ser controlados por los demás es una forma de perderse, establecer límites sobre quién ejercerá el control en su vida es una forma de ayudarle a encontrarse a sí mismo de nuevo. Decir a los demás lo que es importante para usted, lo que usted va a tolerar y lo que no va a tolerar, es otra forma de establecer límites.

Practique decir "sí" a cosas que sean importantes para usted, y "no" a cosas que deba eliminar de su vida. Esa es una forma excelente de reestablecer su identidad en su relación.

## Reflexión

Puede comenzar el proceso de encontrar su camino hoy mismo. Comience dando pequeños pasos todos los días. Practique haciendo una lista de...

- una o dos cosas a las que dirá que sí porque son importantes para usted

- una o dos cosas a las que dirá que no porque es preciso eliminarlas de su vida

- tres cosas que usted aprecia en su pareja, y una que le gustaría que cambiara

# Capítulo cuatro

# Cómo crear un matrimonio saludable

*Usted es singular,
y si eso no se ha logrado,
entonces algo se ha perdido.*

MARTHA GRAHAM

Vi cómo la joven pareja caminaba tomada de la mano por el paseo del parque que quedaba junto a la costa, riéndose e intercambiando susurros. Las gaviotas volaban por encima de sus cabezas, y en el agua las velas agitadas de docenas de barcos parecían ondear en honor al amor de aquella pareja. Evidentemente estaban perdidos uno en el otro. No existía nadie más. Su cariño definía su mundo.

El amor incipiente es algo apasionado, lleno del maravilloso furor hormonal. Es una época de vigor juvenil y deseo que son capaces de crear una ola adictiva de emoción. Sin embargo, esa ola de emoción lleva consigo la posibilidad del engaño. Cuando los amantes se miraban mutuamente a los ojos, ¿qué veían? ¿Veían el verdadero yo de la otra persona o simplemente un reflejo distorsionado de lo que querían ver, tal vez incluso un aspecto idealizado de sí mismos?

El sentimiento eterno del amor romántico ha sido captado en muchas cartas de amor. La que sigue es de Sophia Peabody al escritor Nathaniel Hawthorne de fecha 31 de diciembre de 1839:

¡Qué año ha sido este para nosotros! Mi definición de belleza es que es amor, y por tanto incluye tanto verdad como bondad. Pero solamente los que aman como amamos nosotros pueden percibir el significado y la fuerza de esto.

Mis ideas no fluyen en estos trazos retorcidos. Que Dios esté contigo. Estoy bien y he andado mucho en Danvers en esta fría mañana. Estoy llena de la gloria del día. Que Dios te bendiga en esta noche del año viejo. Ha demostrado ser el año de nuestro nacimiento. ¿No se ha alejado de nosotros la vieja tierra? ¿No son nuevas todas las cosas? Tu Sophie.[1]

¿Se da cuenta de la abrumadora pasión? ¿De la exclusividad del amor romántico? No es mi deseo analizar de más ni restar importancia a esa gozosa pareja. El amor romántico es algo maravilloso y no debe apresurarse ni descartarse como inmadurez. Ese estado simbiótico es natural, esperado y útil. Es la época en que se coloca y se seca el pegamento, el cual une los corazones de los amantes entre sí y prepara el escenario para progresar en la relación. Si esa temprana adoración no existiera, sería difícil avanzar hacia un matrimonio comprometido.

¿Quién no se ha sentido conmovido al ver a los amantes mirar detenidamente a los ojos y el corazón de la otra persona? En calidad de observadores, tal vez nos tomen desprevenidos. Miramos y luego nos alejamos avergonzados. A veces nos sentimos llenos de emoción también. En ocasiones sentimos disgusto y deseamos que se lleven sus efusivos amores a otra parte, fuera de la vista del público. A veces sentimos envidia y deseamos tener una pequeña dosis de su pasión para infundirla en nuestra relación. Otras veces sacudimos la cabeza y nos maravillamos ante la inocencia infantil del amor joven.

La verdad es que el amor joven es igual a la relación simbiótica de un niño con su propia madre. El bebé, a efectos prácticos, no se distingue de la madre y no conoce nada, excepto su intimidad y su propia dependencia total de su madre. El mundo completo y la existencia misma del niño dependen de la atención solícita de la madre. El narcisismo es algo que se espera. El mundo gira alrededor del bebé y, la mayor parte del tiempo, tanto la madre como el niño están conformes con eso. Si observamos a la nueva mamá con su niño vemos que existe una felicidad simple. La madre adora a su bebé; el bebé está perdido en el amor abrasador de la madre.

Narciso era un semidiós griego tan hermoso que todo el mundo se enamoraba de él, incluido él mismo. Cuenta la historia que se enamoró de su propia imagen reflejada en una laguna y, paralizado, se cayó al agua y se ahogó.

Todos nosotros conocemos personas narcisistas. Desfilan por ahí como pavos reales orgullosos en espera de que los demás los encuentren sumamente hermosos. Esas personas han invertido una cantidad enorme de energía en sí mismas, tanto que no pueden prestar su atención a nadie más porque están enamoradas de sí mismas. Ninguna relación puede sobrevivir cuando "yo soy lo único que importa".

Por eso, cuando vemos a la joven pareja en el paseo escuchándose intensamente el uno al otro, observando el más mínimo cambio en los gestos faciales y proclamando sus afirmaciones con sonrisas y abrazos, debemos alentarla. Debemos decir: "Aférrense el uno al otro. Acéptense mutuamente ahora y aprendan todo lo que puedan. Construyan su amor y guárdenlo. Llegará un momento en que comenzarán a alejarse hacia mundos separados y deberán recordar lo que sienten en este momento si es que van a reducir la distancia entre los dos. Sucede sutilmente, así que tengan cuidado".

## El amor a primera vista

A veces el amor brota desde el principio. Parece que sucede en un instante. La química no se puede negar, un vínculo saludable y correcto. En esos casos, la relación avanza hacia un respeto mutuo a la individualidad de la otra persona.

Sin embargo, otras veces, sucede otra cosa. Los investigadores lo llaman "adicción al amor". Tal vez usted conozca a alguien que se enamora con la frecuencia con que cambia el vestuario de la estación.

Lo que estoy describiendo no es, evidentemente, amor maduro. Es una necesidad apremiante de conectarse con otra persona. En realidad es un deseo de abandonarnos en los brazos de otra persona, indefinidamente. Susan Peabody, en su libro titulado *Addiction to Love* [Adicción al amor], dice: "A causa de ese impulso interior, los adictos al amor están impacientes por conectarse con alguien antes de tener realmente la oportunidad de conocer a esa persona. Yo llamo a este fenómeno 'amor a primera vista' o vínculo prematuro".[2] Aquí vemos otra forma de codependencia basada en un deseo no saludable de fusionarse, otra tendencia a complacer a alguien que nos hace daño a nosotros.

Peabody señala que esa forma inmadura de amar, por lo general abruma a las personas de quienes se enamoran los adictos, las aleja o crea un trauma si se dan cuenta de que se han enamorado de la persona errada y que deben terminar la relación. Agrega que esas relaciones muchas veces contienen un nivel elevado de drama y emoción. Los adictos al amor en realidad no buscan amor; lo que buscan es la euforia que viene de estar enamorado. Quieren la emoción que se produce durante las etapas iniciales de una relación. Cuando se termina esa emoción, buscan otra relación para volver a crear el drama.

Kay Marie Porterfield, en su libro titulado *Coping with Codependency* [Cómo lidiar con la codependencia], llama a este fenómeno intimidad instantánea, y añade:

> A veces los codependientes anhelan tanto la cercanía que abruman a la gente y chocan con sus límites como tanques que se estrellan contra las cercas en las películas antiguas de guerra. Pasamos con ellos cada minuto disponible, y cuando no podemos estar con ellos, llamamos. Haciendo caso omiso de los límites de su privacidad, les preguntamos los detalles de su vida. Compartimos con ellos nuestros problemas tanto si quieren escuchar como si no. Exigimos una lealtad feroz y podemos ser celosos hasta el punto de insistir en que nuestros amigos nuevos abandonen sus otras amistades, sus pasatiempos y sus estudios.[3]

Es evidente que la codependencia y la adicción al amor no son las cosas que buscamos cuando queremos encontrar una relación sana.

## Una dependencia incómoda

Elisa era una mujer joven de 25 años que vino a consultarme porque tenía síntomas de depresión. Había estado durmiendo mal y su capacidad de concentración estaba fallando. Había perdido el apetito y había rebajado cuatro kilos y medio, aunque ya era una persona delgada. La cuestioné para ver si tenía síntomas relacionados con la anorexia y la bulimia. Negó que tuviera un trastorno alimentario, pero yo todavía tenía mis sospechas. Señalé que tal vez tendríamos que pensar en medicamentos para remediar los problemas de sueño y apetito. Ella descartó la idea y dijo que estaría bien.

Le pedí a Elisa que me contara más de lo que le había llevado a la consejería y las posibles causas de su falta de sueño y pérdida de apetito. Me contó la historia siguiente:

> He estado casada durante cinco años con un hombre maravilloso. Miguel es representante de ventas de una compañía de teléfonos móviles. Trabaja muchas horas y lo presionan bastante para que aumente las ventas. Parece que todos los años trabaja más y más tratando de ser el mejor vendedor que la compañía haya tenido jamás. Está ganando más dinero, pero también trabaja más horas. Tenemos dos niños y apenas vemos a Miguel. En realidad lo vemos, pero cuando eso sucede, él está pensando en el trabajo, o está cansado a causa del trabajo, o está durmiendo para prepararse para volver al trabajo. Parece como si los niños y yo recibiéramos las sobras de su vida.

Yo escuchaba mientras Elisa me hacía partícipe de su historia con Miguel. Se conocieron en la compañía donde él trabajaba; ella también había trabajado allá durante varios años. Disfrutaron de un noviazgo largo y feliz y luego se casaron. Poco después, Elisa dejó de trabajar para quedarse en la casa todo el tiempo con sus niños pequeños.

"Parece que los dos están muy ocupados" —dije yo.

"Así es, pero la situación actual es ridícula. Solíamos encontrar tiempo para el otro. Eso ya no sucede".

"¿Le molesta que él no dedique tiempo a los niños?" —le pregunté.

Ella hizo una pausa. "Bueno, eso y el hecho de que él no parece ponerme a mí en primer lugar. Cuando éramos novios sacrificaba todo por mí. Me compraba regalos, me sorprendía con cosas que sabía que a mí me gustaban y me hacía sentir especial. Ahora parece que no me aprecia".

"A veces se siente eso en el matrimonio —dije yo—. Las parejas se dedican a hacer sus cosas y se olvidan de que necesitan seguir creando calor y cariño en la relación o, de lo contrario, se estanca. ¿Ha hablado con Miguel de sus sentimientos?"

"Sí, y él se siente mal por ello. Quiere pasar más tiempo conmigo pero la compañía tiene cuotas, y Miguel nunca está satisfecho a menos que cumpla con ellas o las supere. Las metas son sumamente importantes para él y desea proveer una vida fantástica para nosotros".

"¿Está él dispuesto a trabajar en la relación con usted?"

"Sí, eso dice. Pero yo me siento perdida sin él. Ahora que no estoy trabajando me parece más difícil. He perdido el contacto con la mayoría de mis amigas del trabajo porque no tengo la oportunidad de verlas".

"O sea, que se siente sola y no tiene amigas cercanas a quienes contarles las cosas. Y se pasa la mayor parte del tiempo cambiando pañales sucios y preparando las comidas. Parece como si su vida girase alrededor de su familia básicamente. ¿Qué hace para usted?"

"No mucho". Elisa miró una pintura que yo tengo en la pared. Permaneció en silencio unos momentos. "Supongo que llegué a depender de Miguel en el aspecto de mi vida social. Él se convirtió en mi mejor amigo y francamente el único amigo. Esa probablemente no sea la mejor situación".

"Pero eso sucede fácilmente —le dije—. Es natural que uno haga de su cónyuge su mejor amigo. Así debe ser. Sin embargo, necesitamos a otras personas en la vida para que nos apoyen también. Tenemos que mantener algunas amistades aparte de la que tenemos con nuestro cónyuge".

## Cómo acabar con la adicción

Pasamos las siguientes sesiones explorando la incómoda dependencia de Elisa de su esposo. Analizamos su historia de perderse en el amor y, por consiguiente, abandonar su identidad en aras de la relación.

Elisa era la mayor de tres hijos y, cuando sus padres se divorciaron, ella se convirtió en la encargada de cuidar a la familia porque su madre trabajaba a tiempo completo. Ahora se había vuelto a convertir en la cuidadora de la familia y había abandonado las actividades y las amistades que habían sido importantes para ella.

Invitamos a su esposo a asistir a la consejería. Miguel estuvo muy dispuesto a participar y admitió fácilmente que había dado demasiada importancia a su trabajo. Aunque no le entusiasmaba mucho la idea de trabajar menos, sabía que su familia lo extrañaba. Elisa y los niños eran importantes para él, por lo que estaba dispuesto a hacer cambios.

Sin embargo, el hecho de que Miguel estuviera en la casa más a menudo no resolvió el problema. Después de que decidiese trabajar menos y pasar más tiempo con la familia, Elisa seguía apoyándose en él como su única fuente de amistad y respaldo. Hablamos de eso en varias sesiones y ella se dio cuenta de que necesitaba volver a cultivar algunas de sus viejas amistades, tal vez asistir a una clase nocturna en una universidad local y luego disfrutar de un buen rato con su esposo. Elisa descubrió que tenía una tendencia a perderse en las actividades de los demás en vez de crear un espacio para lo que era importante para ella.

Con el tiempo, Miguel y Elisa encontraron un equilibrio en su vida laboral y en su relación. No fue fácil, pero ahora son mucho más felices. La mejora vino como resultado de cambiar varias cosas. Miguel tuvo que decidir trabajar menos, lo cual resultó ser más difícil de lo que se imaginó. Juntos buscaron más tiempo para pasar juntos y volvieron a crear parte de la aventura que compartieron durante su noviazgo y los primeros años de matrimonio. Ella tuvo que volver a descubrir los aspectos de su personalidad que había enterrado hacía mucho tiempo. Con el tiempo encontró nuevos intereses, como por ejemplo hacer álbumes de fotos y reunirse con otras madres de niños pequeños para tomar café. Se inscribió en un gimnasio y le sacudió el polvo a su bicicleta, la cual había estado guardada en un rincón del garaje durante varios años. Elisa se dio cuenta de que no podía ser feliz en su matrimonio hasta que no fuera feliz con ella misma.

## Individualidad

Sin pensarlo, mucha gente ha aceptado el mito de que la intimidad se produce automáticamente cuando uno pasa mucho tiempo con su cónyuge. De hecho, mucha gente cree que la respuesta para volver a descubrir la intimidad equivale a pasar más tiempo juntos. Eso puede ser un componente vital, pero no es el único ingrediente de un matrimonio saludable. Uno de los componentes más elementales de una relación sana es ser una persona sana.

Para tener una verdadera conexión con los demás es necesario tener una verdadera conexión con uno mismo. Esa es una verdad fundamental que hay que reconocer. Cuando estamos alienados de nuestras propias experiencias, estaremos alienados de nuestro cónyuge. No tendremos base alguna para cultivar una relación con los demás. ¿Cómo componemos nuestra individualidad?

Uno de los aspectos primordiales de la individualidad es *saber lo que uno siente* sobre diferentes personas, acontecimientos y circunstancias en la vida. Uno puede identificar sus sentimientos y compartirlos con los demás. Si eso es difícil para usted, como lo es para mucha gente, tal vez tenga que practicar pensar cómo se siente acerca de las diferentes cosas y compartir esos pensamientos con su cónyuge y con amigos cercanos.

Un segundo aspecto de la individualidad es *saber lo que uno piensa*. Eso también es más difícil de lo que parece. ¿Cuántas veces le han preguntado lo que usted piensa y solo puede responder diciendo "No sé"? Por supuesto que sabe, pero compartir sus opiniones con los demás puede requerir trabajo, por no hablar de cierto grado de riesgo.

Otro aspecto de la individualidad es *saber lo que uno quiere*. Aquí entramos un poco en su vida de fantasía. ¿Cuáles son sus sueños? ¿Qué desea de su pareja? Si ha estado obsesionado con complacer a los demás durante mucho tiempo, probablemente espere que ellos le lean la mente. Ellos deberían saber lo que usted desea sin tener que decírselo. Por desgracia, esa manera de pensar está destinada al fracaso.

Considere la individualidad como su propio espacio personal, como una casa que tiene una cerca a su alrededor. Los barrios tienen muchas casas, pero las características distintivas de cada una de ellas las separan de las demás. Diferentes colores, diferentes techos y formas, diferentes paisajes y otras características dan a cada casa un aspecto singular. Y no querríamos que fuera de otra manera.

Las características singulares contribuyen a definir su casa, pero es posible que aún así, usted desee una cerca que la separe de la casa de los vecinos. La cerca es una medida adicional de protección que mantiene a la gente alejada de su espacio privado a menos que usted le haga una invitación especial para que entre. Sin una cerca que ofrezca una separación amable entre usted y los demás, ellos pueden invadir su espacio. Cuando la gente invade su espacio en las relaciones, le puede decir qué pensar, qué hacer e incluso cómo actuar. Sin esa cerca, esa barrera protectora, usted se verá tentado a complacer a los demás cuando hacerlo le perjudicaría. Sin esa cerca, usted se vuelve como los demás, y le falta la individualidad que lo distingue y que contribuye a su singularidad.

## Retos a la individualidad

Si a usted lo han criado con una personalidad complaciente, tal vez no sepa cómo se siente, lo que piensa ni lo que quiere. Tal vez le asuste la perspectiva de definir de qué manera es usted distinto de los demás. A causa de una baja autoestima, que es común entre los que viven su vida para complacer a los demás, tal vez usted se haya enmarañado con su familia y sus amigos. En particular, tal vez se haya obsesionado con la felicidad de su pareja. Si su cónyuge es feliz, usted es feliz. Si su cónyuge está triste, es posible que usted esté triste. Después de años en que su autoestima ha dependido de los demás, ejercer su propia individualidad puede ser muy amedrentador.

Quizás el mayor impedimento a la individualidad necesaria para tener un matrimonio sano sea la incapacidad de decir no. Si usted no puede decir no ni establecer límites para usted mismo, entonces no podrá impedir que la gente se estrelle contra su espacio. Se sentirá controlado por los demás cuando, de hecho, los límites inexistentes podrían estar preparando el escenario para que usted se sienta controlado.

Las personas que vienen a consultarme se quejan a menudo de que los demás no los toman en serio ni respetan sus deseos. Señalan a esposos, suegras, compañeros de trabajo y vecinos y los culpan del problema. Sin embargo, el problema por lo general no radica en los demás. Suele radicar en la persona que está señalando. Se deriva de su dificultad para decir lo que quiere expresar realmente. Se deriva de un temor de establecer límites y de una disposición a tolerar ciertas conductas en los demás. Yo les digo a mis clientes: "Si no lo entienden, usted no se lo está diciendo con suficiente franqueza. Tiene que intentarlo otra vez".

Si usted lucha con una baja autoestima y ausencia de límites, expresar sus opiniones puede causar mucho temor. Se verá tentado a decir a las personas lo que piensa que ellos quieren oír. De hecho, tal vez ya tenga una gran habilidad para identificar "la respuesta correcta" porque eso le dará la recompensa de saber que les ha agradado. Aunque es probable que ellos le expresen su aprobación, usted estará sacrificando su individualidad.

Rebeca era una mujer de mediana edad que estaba claramente desalentada cuando vino a consultarme. Desde que su hijo más joven se había ido de la casa, ella había estado deprimida. Madre de tres hijos, de repente se encontró sin rumbo.

Rebeca era una mujer amable. Sonreía con facilidad y hacía todo lo posible por agradar a mis empleados cuando llegaba al consultorio. Rebeca nos daba la preferencia y era generosa en sus conversaciones. Se veía fácilmente que había pasado años tratando de complacer a los demás.

Su historia revelaba que ella siempre había puesto a los demás en primer lugar antes que a ella. Había estado casada durante muchos años con un hombre al que describía como controlador. Había invertido la energía de su vida en sus hijos y su esposo, y ahora que los hijos se habían ido, lo único que le quedaba era atender a su esposo. De repente, aquello solo no era suficiente para hacerla feliz.

Debajo de aquel estilo deferencial había una ira profundamente arraigada. No obstante, ella no podía demostrar eso abiertamente porque si lo hacía violaría la manera en que se veía a sí misma y la forma en que le habían enseñado a comportarse. Su ira se manifestaba en comentarios sarcásticos esporádicos y en una irritación con ella misma que no estaba justificada.

Mi trabajo con Rebeca fue muy difícil porque sus patrones de conducta estaban profundamente arraigados. Su personalidad se había desarrollado en torno al valor central de servir a los demás. Después de muchas sesiones, ella logró ser más firme. A medida que aumentó su independencia reconoció el valor de ser una persona individual. Se sorprendió al ver que su matrimonio mejoró junto con su autoestima recién descubierta. Su esposo siempre había deseado que ella expresara sus opiniones y valoraba su nueva actitud. Él no era tan controlador como ella había creído.

Aún así, la transformación fue lenta y torpe. A veces practicaba su firmeza pero volvía a caer en la pasividad. Tampoco estaba preparada para lidiar con los conflictos que se presentaban cuando expresaba opiniones contrarias a las de su esposo. Tuvo que trabajar mucho para entender que los conflictos no significaban que iban de camino a un tribunal de divorcios.

Desde mi perspectiva, ver surgir a la nueva Rebeca después de años de suprimir sus pensamientos, sentimientos y deseos fue encantador y gratificante.

## El baile de la interdependencia

El matrimonio no es, obviamente, una empresa solitaria. Que una pareja de esposos llegue a enredarse tanto que no sepa distinguir dónde empieza el uno y dónde termina el otro no es saludable. En un buen matrimonio, dos personas singulares y seguras se juntan para formar una sociedad.

Si usted ha estado trabajando en ser su propio yo —les dice a los demás lo que piensa, siente y desea— relacionarse con otra persona puede ser amenazante. Es por eso que es necesario entender el concepto de la interdependencia. Miguel y Elisa tuvieron que volver a crear su relación. Tuvieron que conversar acerca de cómo sería un matrimonio en el que cada uno disfrutara de actividades individuales y luego se juntaran para cultivar una amistad especial. Tal como indiqué antes, eso ocurrió, pero produjo mucho dolor. Elisa pasó por un período en que dudaba de sí misma y se desalentaba antes de encontrar la manera de pedir lo que necesitaba sin sofocar a Miguel. Miguel tuvo que encontrar la forma de dar más de sí mismo a su matrimonio al tiempo que disfrutaba de los frutos de una carrera. A veces se ofendían mutuamente y tenían que abordar sentimientos heridos y malentendidos. Pero puesto que les había explicado que eso era inevitable, no se alarmaron cuando sucedió.

Miguel y Elisa aprendieron lo que significaba la interdependencia:

- Disfrutaban actividades individuales.

- Esas actividades aportaban una nueva energía a su matrimonio.

- Tenían amistades propias del mismo sexo.

- Tenían amigos de los que disfrutaban juntos.

- Tenían la libertad de disentir el uno con el otro.

- Tenían deseos, pensamientos y sentimientos diferentes.

- Construyeron un fuerte vínculo juntos.

La interdependencia ocurre cuando personas con personalidades distintas (distintos gustos en comida, música, ropa, política) optan por juntarse para crear una sociedad que mejora su individualidad mediante el vínculo del amor.

## La perspectiva de Dios del matrimonio

Dios, por supuesto, es el autor del matrimonio perfecto. En todas las Escrituras vemos la historia bíblica tejida en el drama de las relaciones. Nunca tendremos una relación perfecta pero podemos consultar el diseño original como una forma de hacer lo mejor que podamos. Exploremos el matrimonio tal como Dios quiso que fuera. Como dice Larry Crabb en su libro titulado *The Marriage Builder* [El edificador matrimonial]:

> Dentro del contexto de las relaciones se pueden satisfacer las necesidades más profundas. La gente de todas partes anhela relaciones íntimas. Todos necesitamos estar cerca de alguien. No tiene que disculparse por ese fuerte deseo de tener intimidad con alguien; ni es pecaminoso ni es egoísta. No haga caso omiso de la necesidad ocupándose de satisfacciones periféricas tales como los logros sociales o la adquisición de conocimiento. Descuidar su anhelo de tener una relación diciendo que está por encima de ello es tan necio como querer creer que puede vivir sin alimento. Nuestra necesidad de tener una relación es real y existe por designio de Dios.[4]

Pero ¿cómo contestamos las preguntas sobre la interdependencia en una relación conyugal? ¿Cómo comprendemos a Dios cuando Él dice que las parejas han de unirse y que "serán una sola carne"? (Gn. 2:24). Eso ciertamente suena como que han de ser indistinguibles uno del otro, ¡todo lo que hemos aconsejado evitar! ¿Desea Dios que rindamos nuestra personalidad a otra persona?

El patrón bíblico para el matrimonio no se lleva nada de nuestra personalidad. De hecho, el matrimonio que Dios diseñó nos ayuda a alcanzar nuestro pleno potencial. Es verdad que nada es más dulce que la imagen del matrimonio como Dios lo creó: dos personas viviendo como una sola carne para toda la vida. El apóstol Pablo recita las palabras del Creador en su epístola a los efesios y señala que el esposo y la esposa han de ser uno. Llama al matrimonio misterio, un nombre con el que muchos de nosotros estaría totalmente de acuerdo (Ef. 5:31). Pero ser "una sola carne" no significa negar quiénes somos.

Los doctores Townsend y Cloud han ayudado a muchos a comprender un complejo principio del funcionamiento humano: la importancia de establecer límites sanos en nuestras relaciones para que dos personas puedan ser una y a la vez distintas. Nos han ayudado a ver, en sus numerosos libros sobre los límites, que Dios creó un mundo ordenado en el que los límites formaban parte de su designio. No solo estableció el universo con límites, sino que también diseñó las relaciones para que tuvieran límites. Los doctores Townsend y Cloud aclaran este tema en su libro titulado *Boundaries in Marriage* [Los límites en el matrimonio]:

> El matrimonio es, antes que nada, un asunto de amor. Se mantiene por medio de la atención, necesidad, compañía y valores de dos personas, que pueden superar el dolor, la inmadurez y el egoísmo para formar algo mejor de lo que cada uno puede producir cuando está solo. El amor es el centro del matrimonio, y es el centro del mismo Dios (1 Jn. 4:16). Al mismo tiempo, el amor no es suficiente. La relación matrimonial necesita otros ingredientes para crecer y prosperar. Esos ingredientes son libertad y responsabilidad. Cuando dos personas tienen la libertad de disentir, tienen la libertad de amar. Cuando no son libres, viven en temor y el amor muere: "El perfecto amor echa fuera el temor" (1 Jn. 4:18). Y cuando dos personas juntas asumen la responsabilidad de hacer lo que sea mejor para el matrimonio, el amor puede crecer. Cuando no hacen eso, una de ellas asume demasiada responsabilidad y siente resentimiento por ello; la otra no asume suficiente responsabilidad y se vuelve egocéntrica o controladora. Los problemas de libertad y responsabilidad en un matrimonio hacen que el amor sufra.[5]

Por tanto, una vez entendemos los principios de la *libertad* y la *responsabilidad*, vemos que Rebeca no estaba siendo responsable cuando se volvió sumamente pasiva y abandonó su propio yo para convertirse en la cuidadora de la familia. Al perder su propio yo permitió que la familia se volviera irresponsable, lo cual seguro que no es el plan de Dios. De la misma forma, Elisa era irresponsable con ella misma. Esperaba que Miguel fuera todo para ella, en vez de asumir la responsabilidad de su vida conservando amistades y llevando a cabo actividades propias. Esperaba demasiado de Miguel, más de lo que él podía dar. Por fortuna, ambos llegaron a comprender sus tendencias codependientes a tiempo para hacer los ajustes necesarios. Aprendieron el papel que desempeñan la libertad y la responsabilidad en un matrimonio sólido.

En toda relación saludable, es imprescindible entender claramente quién es responsable de qué. Los límites son esenciales para que cada uno sea responsable de sus propios:

- Sentimientos
- Actitudes
- Comportamientos
- Decisiones
- Límites

- Deseos
- Pensamientos
- Valores
- Talentos
- Amor[6]

Dos personas singulares construyen un matrimonio exitoso cuando se juntan en el vínculo del amor para crear algo maravilloso que no pueden lograr por sí solas. Para que eso ocurra, debemos ser responsables de nuestra propia conducta, no de la de nuestro cónyuge.

## El baile de la intimidad

El baile de la intimidad es un baile de cercanía, pasión y, de vez en cuando, un pisotón en los dedos de los pies. Cuando uno trabaja para ser responsable de uno mismo y no del cónyuge, a veces hay conflictos. Eso es sano y en realidad puede aumentar el nivel de confianza e intimidad en una relación sana.

En primer lugar, una relación sólida requiere dos personas interdependientes, cada una responsable de sus propios pensamientos y emociones, que se juntan para formar una sociedad. Una clienta lo expresó de esta forma: "Me he dado cuenta de que no es bueno para mí estar de acuerdo con Jaime si no lo estoy de corazón. Él agradece cuando soy honesta con él acerca de mis sentimientos y pensamientos. Él quiere que yo sea yo, no un clon suyo".

En segundo lugar, esas dos personas deben tener su propia vida, separadas la una de la otra. Imagínese lo aburrida que sería la vida si dos personas hicieran las mismas cosas, pensaran lo mismo y sintieran lo mismo. Eso puede parecer celestial pero pronto nos cansaríamos de ello. La mayoría de nosotros desea tener a alguien que ponga sabor a nuestra vida. Eso lo hacen siendo diferentes, como fue el propósito de Dios. Por tanto, tendrán sus propios intereses, preferencias y sentimientos.

En tercer lugar, ambos se sentirán relativamente seguros de sí mismos y estarán dispuestos a arriesgarse a compartir opiniones y emociones diferentes. Estarán lo suficientemente seguros de sí mismos como para saber que no siempre necesitan que su pareja esté de acuerdo con ellos. Tendrán la seguridad suficiente como para tolerar la tensión a veces. Sabrán que no pueden controlar a su cónyuge y que no deben permitir conductas irresponsables en su pareja.

Por último, en un matrimonio sano, ambos pueden compartir sus sentimientos y pensamientos. Tienen buena comunicación y buenas habilidades para resolver conflictos. En el clima de la comprensión, no se esfuerzan para pensar de manera idéntica, sino que respetan las diferencias y los puntos fuertes que vienen de esas diferencias. Están dispuestos a ser vulnerables mutuamente y a compartir el dolor tanto como el gozo.

## El perfecto amor

Cualquier lectura seria de 1 Corintios 13, tal vez la lección más grandiosa que se haya escrito jamás sobre el amor, deja a uno sin aliento. Aquí captamos una vislumbre del perfecto amor, la clase de amor que solo Dios conoce. En palabras de Pablo, vemos qué es el verdadero amor:

> Si yo hablase lenguas humanas y angélicas, y no tengo amor, vengo a ser como metal que resuena, o címbalo que retiñe. Y si tuviese profecía, y entendiese todos los misterios y toda ciencia, y si tuviese toda la fe, de tal manera que trasladase los montes, y no tengo amor, nada soy. Y si repartiese todos mis bienes para dar de

comer a los pobres, y si entregase mi cuerpo para ser quemado, y no tengo amor, de nada me sirve. El amor es sufrido, es benigno; el amor no tiene envidia, el amor no es jactancioso, no se envanece; no hace nada indebido, no busca lo suyo, no se irrita, no guarda rencor; no se goza de la injusticia, mas se goza de la verdad. Todo lo sufre, todo lo cree, todo lo espera, todo lo soporta.

Ese es un pasaje que nos hace humildes porque arroja luz en todas las áreas en las que no tenemos perfecto amor. Al mismo tiempo, esa luz también nos ofrece un modelo para guiar nuestro camino:

- El amor es paciente
- El amor es benigno
- El amor no tiene envidia
- El amor no se enorgullece
- El amor no lleva la cuenta de lo malo
- El amor no se aíra fácilmente
- El amor protege
- El amor espera
- El amor persevera

Y la lista es larga. Ese pasaje muestra claramente que nuestro amor debe ser sacrificial. Hemos de dar. Pero, una vez más, el camino se puede volver confuso. Hemos de dar pero tenemos que ser responsables cuando demos. Hemos de ser solícitos pero no tan obsesivos con nuestra solicitud por los demás que les permitamos evadir su responsabilidad. Hemos de ser sacrificiales pero, al mismo tiempo, cuidarnos a nosotros mismos. A medida que nos cuidemos adecuadamente podremos cuidar mejor a nuestro cónyuge y a los demás.

Los principios que aborda este pasaje de la Biblia nos pueden desalentar o nos pueden alentar. Nos desalentamos si esperamos poder adherirnos a esas verdades perfectamente. Nos alentamos si sabemos que Dios nos acepta con amor al tiempo que nos guía hacia la meta del perfecto amor.

Desde su corazón Pablo comparte lo siguiente: "Ahora vemos por espejo, oscuramente; mas entonces veremos cara a cara. Ahora conozco en parte; pero entonces conoceré como fui conocido". El amor nunca deja de ser.

## Reflexión

Usando 1 Corintios 13 como guía del perfecto amor, reflexione en el amor que está dando. Enumere algunas de las formas en que usted puede demostrar que su amor es...

- Paciente

- Benigno

- Perseverante

¿De qué forma esa clase de amor fortalece su relación?

# Capítulo cinco

# Hijos controladores

*Valoro esta deliciosa sensación de hogar como uno de los regalos más selectos que un padre o una madre pueden otorgar.*

WASHINGTON IRVING

"¿Qué hago yo levantada a esta horrible hora?" murmuró Lisa Cabrera cuando la luz fluorescente de la cocina parpadeó. El reloj tenía las 5:00 a.m. Echó un vistazo a la oscuridad consoladora de afuera y deseó estar de nuevo en cama. Agarrando con torpeza la cafetera, Lisa trató apresuradamente de poner un poco de cafeína en su cuerpo para prepararse para el vuelo a Cincinnati. Estaba empezando a preocuparse seriamente por el contrato de consultoría en relaciones públicas que había firmado: *¿Me tomará demasiado tiempo? ¿Podré cumplir lo que prometí? ¿Estarán bien mis hijas mientras yo no esté?*

Ella y su esposo, Gabriel, tienen dos niñas, de siete y nueve años, que exigen mucha atención. Sus pensamientos iban a toda máquina mientras a su mente privada de sueño llegaba un aluvión de preguntas: *¿Le dije a José que se acordara de sacar al perro en los próximos días? ¿Me acordé de recordar a Gabriel que llevara las niñas a gimnasia? ¿Me acordé de llamar a la guardería y hablarles de la dieta especial de Linda? ¿Cancelé la cita con el ortodoncista?* Luchaba para mantenerse concentrada en su viaje pero fue imposible.

Después de preparar algunos almuerzos para el día y de asegurarse de que sus maletas estuvieran listas para el vuelo que tenía que tomar esa mañana, se dirigió al cuarto de las niñas para levantarlas.

Mientras las observaba dormir, se sonrió y reflexionó en la maravilla de aquel momento. ¡Cuánto las amaba! Ella y Gabriel no estaban seguros de si iban a tener hijos, pero habían sido bendecidos con dos niñas saludables.

Les tocó el hombro y las despertó lenta y cuidadosamente. A las niñas tampoco les gustaba mucho el despertar. Cuando Lisa tocó a Linda, ésta se dio la vuelta, se quejó y dijo algo así como que no se quería levantar. Lisa entendía esos sentimientos. Pero persistió en su ritual matutino: convencerlas para que se levantaran, peinarles el pelo enredado, apurarlas para que se cepillaran los dientes, arbitrar los argumentos sobre la ropa que se iban a poner, insistir en que desayunaran, apurarlas para que tomaran el autobús de la escuela. Cuatro horas de trabajo realizado en una sola, pensó, y su día apenas comenzaba.

Gabriel tenía sus propias presiones. Se levantaría en media hora más, listo para subirse al tren de su día. Su mente no estaría concentrada en las niñas, sino en los retos de su trabajo como editor de un periódico local. A pesar de que respaldaba a Lisa, hacía muy poco para ayudar. Su concentración se limitaba a su trabajo y a las exigencias de ser anciano de la iglesia.

En unos cuantos minutos, la familia Cabrera estaría corriendo apresurada como el tráfico en una esquina muy transitada. Cuatro personas, cuatro conjuntos de emociones y cuatro direcciones diferentes... con Lisa portando la insignia y el silbato para mantener el tráfico en movimiento. Puesto que ella quería ofrecer a sus hijas todas las ventajas posibles en la vida, mantenía un apresurado ritmo para llevarlas a las clases de baile, las prácticas de fútbol y las clases de piano. Los pensamientos de Lisa iban siempre a toda marcha, pasando lista de las cosas que dirigían sus energías:

- Las necesidades de las niñas

- Las expectativas del trabajo

- El matrimonio

- Los compromisos de la iglesia

- Y más

Exigencias, expectativas, más exigencias. Un esposo que quería que ella se ocupara de sus hijas, e hijas que esperaban que ella fuera la súper mamá. Se preguntaba si todo aquello terminaría alguna vez. Sin embargo, Lisa les estaba enseñando sin darse cuenta a apoyarse total y exclusivamente en ella. Recibía poco agradecimiento, si es que le agradecían algo, por el trabajo que hacía para dirigir a la familia. A veces se sentía como si fuera a estallar en millones de pedacitos. Pero entonces recordaba que optaba por trabajar y que el trabajo era casi un descanso de la rutina diaria de la casa. Se sentía culpable por dividir sus atenciones y energías, y entonces les dedicaba incluso más tiempo a sus hijas.

## Carla

Un vistazo a la mañana de Carla revelaba una situación distinta. Igual que Lisa, Carla también se levantaba de madrugada y preparaba a la familia para otro día. Era una madre divorciada con tres hijos: tenía un hijo en la escuela secundaria, una hija en la escuela media y una hija en la escuela primaria. Ella y su ex esposo habían planificado que los niños nacieran con algunos años de separación entre ellos para dirigir la familia con mayor eficacia.

Carla era una madre muy dedicada a sus hijos. Había pospuesto su formación de postgrado y su carrera a propósito para estar en la casa con los hijos. Ella y su ex esposo habían acordado que aquello era lo mejor para los niños. Después de todo, los niños necesitan que uno de sus padres esté en la casa para que los despida cuando se van a la escuela y los reciba cuando regresen a casa.

Carla no estaba a favor del divorcio. Le había supuesto un estrago emocional. Su ex esposo, Mario, insistió en ello y dijo que ya no la amaba. Ahora ella se veía obligada a reconsiderar sus opciones. Tenía resentimiento por ser madre divorciada y tener que enfrentarse a las presiones económicas además de ser la única que se ocupaba de los tres hijos. Mario proporcionaba poco aparte de la manutención obligatoria de los niños. Aún así, a Carla le gustaba su papel de madre. Solo que deseaba poder desempeñarlo libremente, sin presiones, como ella y Mario lo habían planificado originalmente. Ahora tenía que hacer las cosas de una manera diferente.

Decidió terminar su formación y prepararse para poder ganar unos ingresos con los que pudiera vivir.

La casa se mantuvo en silencio hasta que sonó el primer despertador. A eso le siguió el sonido de un segundo despertador y una música estridente en otra habitación. Entonces se escucharon muchos ruidos al mismo tiempo. Sus hijos se levantaban solos pero parecía que su responsabilidad terminaba ahí. Momentos después comenzaban los gritos.

"¡Mamá! —gritó su hijo mayor—. ¿Dónde está la camisa que me lavaste ayer?" Ella podía oírlo refunfuñar mientras rebuscaba en su armario.

"¡Mamá! —dijo vociferando la hija menor minutos después—. Te dije que quería un sándwich de atún. No quiero comer mantequilla de cacahuate otra vez. ¡La aborrezco!" Carla oyó cuando la puerta del refrigerador se cerró violentamente y se dirigió a la cocina para ver si tenían atún.

Al mismo tiempo escuchó que su hija del medio lloraba en la habitación. *¿Qué pasa Charo?*, se preguntó Carla cuando abrió la puerta de la habitación. "¿Por qué no te estás preparando para ir a la escuela?"

"¡Mírame la cara! —dijo Charo gritando—. No voy a ir a la escuela así. Tengo espinillas por todas partes. ¿Por qué no me compraste la crema que te pedí? Parece mentira que se te haya olvidado".

A pesar del caos, Carla era como un general de campo calmado en medio de la batalla. Pudo abordar a cada uno de sus hijos con compostura. Escuchaba atentamente sus quejas y les ofrecía respuestas que unas veces aceptaban y otras no. Muchas veces podía darse cuenta de lo que tal vez estaba molestando a sus hijos y les proporcionaba soluciones. Igual que Lisa, Carla se apresuraba a satisfacer las necesidades de sus hijos y se esforzaba por ser la madre perfecta.

Por fin los tres hijos se habían ido. Carla suspiró aliviada. Se sentía tentada a sentarse y descansar pero sabía que su día apenas comenzaba. Echó un vistazo a la Biblia que estaba sobre la mesita y se preguntaba si podía sacar un tiempecito para estudiarla. Pero tenía que estar en clase en una hora y necesitaba terminar sus otras lecturas para estar preparada.

## La reina de la culpa

A pesar de todo lo que Lisa y Carla hacían por sus hijos, raras veces sentían que sus esfuerzos eran suficientes. Siempre tenían una sensación persistente de que les había quedado algo por hacer. Hace poco escuché a una de mis clientas decir que ella creía que las madres recibían automáticamente el título de "Reina de la culpa" cuando les nacía un hijo. Como un ritual de paso, las madres lo reciben de sus madres, las cuales lo recibieron de sus madres. Lo único que les falta es el cetro y la corona.

¿Se siente usted alguna vez como si fuera la reina de la culpa? El título trae consigo muchas responsabilidades, la más destacada de todas es una sensación irritante de que nunca hace lo suficiente. Y así se convierte en un "hacer humano" en lugar de un "ser humano". Su valía procede de fuera y no de dentro. Mira a su familia e invariablemente se pregunta si está haciendo lo suficiente. Mira a sus hijos y asume la responsabilidad personal de cada rasguño y cortadura que sufren. Los observa, los mira y escucha para ver cómo les va, y piensa poco en cómo se siente usted y cómo le va. Si ellos están bien, usted está bien. De lo contrario, se siente inadecuada. Y eso les sucede a muchas madres.

La reina de la culpa tiene una conciencia hiperactiva que probablemente se derive de algunos problemas de la niñez de los que hemos hablado anteriormente. Mire de cerca el cargo. Esas mujeres son responsables de asegurarse de que...

- Toda la familia esté contenta

- Todas las necesidades estén satisfechas

- Los niños sean perfectamente saludables

- Las comidas sean equilibradas

- La casa esté limpia

- Las finanzas sean estables

- Se hagan los arreglos sociales necesarios

Y la lista sigue. Aparte un momento para considerar qué más añadiría a este inventario interminable de responsabilidades.

Hay algo atractivo en el papel y los derechos que vienen con el cargo. Es por eso que usted conserva el puesto, ¿no es cierto? Si el nombramiento honorario, reina de la culpa, no tuviera recompensas, usted lo dejaría en un instante. Sin embargo, las recompensas son reales. La reina de la culpa tiene derecho a:

- Sentirse exhausta y no apreciada (mártir)

- Decir la última palabra

- Estar irascible y a cambiar de estado de ánimo

- Dictar cómo se van a hacer las cosas

- Que la busquen para dar respuestas

Como puede ver, los beneficios tal vez no excedan las cargas. Sin embargo, para algunas personas, la atención que reciben hace que valga la pena el sufrimiento. Si usted ha tenido problemas de autoestima, tal vez haya decidido inconscientemente que un poco de reconocimiento y derechos es mejor que nada. Este es el momento de reexaminar el trabajo y decidir si quiere presentar su renuncia.

## Cómo crear la familia perfecta

Muchas mujeres dirigen a sus familias con la precisión de un sargento instructor en un campamento para reclutas. Han asumido la responsabilidad de administrar sus hogares, sus hijos y a veces incluso sus esposos. Esos elementos constituyen su terreno y lo protegen mucho. Muchas se han convertido en grandes guardas, líderes consumadas de las tropas.

A menudo, debido a su tormentosa niñez, las que están ansiosas por agradar a los demás tratan de ser perfectas. Intentan crear la familia ideal. Notan los sentimientos de todo el mundo excepto los suyos propios. Están centradas externamente y se ponen ansiosas cuando alguien en la familia no está contento. A la primera señal de angustia trabajan para que todos se sientan mejor. Claro, ese plan está destinado al fracaso. La gente perfecta y las familias perfectas no existen. De hecho, todas las familias tienen cualidades disfuncionales hasta cierto punto. Dios nos dio un modelo perfecto de cómo debe funcionar la familia, pero la Biblia afirma claramente que nunca seremos perfectos (1 Jn. 1:10). Por eso necesitamos a Dios en nuestra vida.

Igual que muchas madres, Lisa y Carla están obsesionadas tratando de complacer a todo el mundo en la familia. Creen que deberían poder resolver todos los problemas que surjan. Ninguna situación debe estar fuera de su control. Si observamos de lejos veremos que poco a poco se desgastan. Sabemos que terminarán frustradas, enojadas y exhaustas. En algún momento, puede que presenten síntomas físicos que señalan el final de las reservas de su organismo. Vemos cómo satisfacen frenéticamente todas las necesidades. Queremos gritar "¡Paren!" pero sabemos que solamente se detendrán si encuentran una forma mejor de vida.

En el libro titulado *Love is a Choice Workbook* [El amor es una decisión: Cuaderno de ejercicios] leemos:

> Los codependientes luchan por la vida como un auto que marcha con muy poco combustible y que avanza hacia la gasolinera petardeando. Los mensajes de valía y dignidad que no recibieron en la niñez han dejado un gran vacío. Desesperados buscan fuera de sí mismos para encontrar significado y propósito en la vida.[1]

La mujer, muchas veces, busca en su familia la sensación de bienestar que no ha podido encontrar en sí misma. Mujeres como Lisa y Carla desean que sus hijos crean que tienen la madre perfecta. Hacen hasta lo imposible por mantener a sus hijos contentos, les compran las últimas modas y discos compactos, los llevan a partidos de béisbol y películas, y hacen lo que sea necesario para que las vean como las mejores madres posibles. El problema es que la única forma en que Lisa y Carla pueden ser felices es en el papel de la madre perfecta. Cuando el precario equilibrio entre el yo y la familia se inclina demasiado en una sola dirección, hay problemas tanto para la madre como para los hijos.

## Dependencia excesiva de los hijos

Las personas complacientes necesitan sentirse necesarias. Aunque sus hijos se apoyan en ellos para todo lo imaginable, esas madres necesitan desesperadamente que sus hijos las necesiten. Por tanto, crean una dependencia excesiva de sus propios hijos.

Robin Norwood, autora de éxitos de venta y que escribió *Women Who Love Too Much* [Mujeres que aman demasiado], sugiere que muchas mujeres continúan en los roles que aprendieron cuando eran niñas.

> Para muchas mujeres que aman demasiado, esos roles significaban a menudo que negaban sus propias necesidades mientras trataban de satisfacer las necesidades de los demás miembros de la familia. Tal vez las circunstancias nos obligaron a madurar demasiado rápido, asumiendo prematuramente responsabilidades de adultos porque nuestra madre o nuestro padre estaban demasiado enfermos física o emocionalmente como para desempeñar las funciones propias de los padres. Cuando eso sucede, aprendemos demasiado jóvenes y demasiado bien a cuidar de todo el mundo excepto de nosotras. Nuestras propias necesidades de amor, atención, cuidados y seguridad quedaron insatisfechas mientras hacíamos creer que teníamos más poder y menos temor, que éramos más adultos y menos necesitadas de lo que en realidad nos sentíamos ser. Y habiendo aprendido a negar nuestro propio anhelo de que nos cuidaran, crecimos buscando más oportunidades de hacer aquello que hacíamos bien: ocuparnos de los deseos y las exigencias de otra persona en lugar de reconocer nuestro propio dolor y temor y necesidades insatisfechas.[2]

Las personas complacientes tienen muchas necesidades insatisfechas. Una forma de satisfacer esas necesidades es haciendo que los demás dependan de ellos. ¡Qué mejor lugar para representar ese papel que con los hijos, los cuales tienen necesidades sin fin!

Lisa se comporta como si estuviera exasperada por su papel de madre y consultora de relaciones públicas. La verdad es que no desea que sea de otra forma. Si bien es cierto que tal vez se queje de que su esposo no ayude en la casa, tiene una necesidad subyacente de serlo todo para todos. Depende excesivamente de sus hijos, y esa dependencia, a menudo no se ve. Ella depende de que sus hijos dependan de ella. Ella no cambiará hasta que se agote de tal manera que no le queda otro remedio que cuidarse mejor.

## La paradoja del control

Como si toda esta situación no fuera suficientemente confusa, examinémosla a través de otro lente. Observe esta paradoja: lo que tratamos de controlar termina controlándonos a nosotros. Veamos más de cerca la vida de Carla para ayudarnos a comprender este principio.

Vemos fácilmente cómo Carla podría sucumbir a ser una persona complaciente. Se convirtió en madre divorciada en circunstancias dolorosas. Su esposo la dejó a pesar de sus protestas y disposición a procurar consejería. Ella no pudo conseguir que él se quedara y que trabajaran en su relación. Sin embargo, sí pudo recuperar cierto grado de control y valía propia invirtiéndose a sí misma totalmente en la vida de sus hijos. Carla sentía una culpa tremenda por el fracaso de su matrimonio. A pesar de que no hizo nada despreciable para terminarlo, se sentía angustiada porque no podía arreglar la relación. Veía cómo sus hijos se lamentaban por la pérdida de su padre. Observó cómo sus hijos se afligieron y se enojaron porque su padre no participó en sus vidas como había prometido. Por mucho que lo intentó, no pudo protegerlos del dolor del divorcio. Hizo votos en silencio de hacer lo que fuera necesario para recompensarlos por eso.

Carla decidió tratar de serlo todo para sus hijos. Procuró eliminar toda situación que pudiera causarles dolor; tenían suficiente para toda una vida, razonó. Mientras trabajaba de más para aliviar su dolor, sus caprichos comenzaron a controlarla. Seguir tratándolos como bebés lastimados no iba a ayudarlos a sanar ni a convertirse en adultos saludables. El dolor que ella trataba de controlar terminó controlándola a ella.

Hace poco sentí compasión por una mujer que descubrió que no estaba preparada para los rigores de ser madrastra. Teresa tenía solamente 30 años de edad y ya estaba tratando de criar los hijos adolescentes de un matrimonio anterior de su esposo. Puesto que no tenía hijos propios, no tenía experiencia materna y de repente heredó el trabajo a tiempo completo de criar una hijastra de 14 años y un hijastro de 13. Ella y su esposo, Guillermo, se sentaron frente a mí con lo que era un matrimonio en crisis.

Antes de que comenzara siquiera a compartir su experiencia, me di cuenta de la tensión en su rostro. Parecía cansada y dijo que había bajado de peso en el último año. Miró fijamente a su esposo, el cual le devolvió la mirada penetrante. Les pedí que me contaran lo que había sucedido. Ella contó la historia siguiente:

"Cuando éramos novios, Guillermo me dijo que íbamos a criar a los niños juntos. Quería que yo participara y entendía mi estilo de disciplina. Hasta les dijo a los niños que yo tendría autoridad cuando estuvieran en nuestra casa. Pues bien, todo eso cambió cuando los niños fueron a vivir con nosotros. Ahora no me hacen caso y él no me apoya cuando yo los disciplino".

Yo sentía empatía por su situación. Le habían pedido que se integrara en una familia ya formada y que actuara como madre sin la historia necesaria para criar realmente a aquellos niños. Le pedí a Guillermo que me diera su perspectiva.

"Cuando le dije a Teresa que quería que fuera una madre para mis hijos, lo dije en serio. Pero ellos han sido criados de cierta manera y no están acostumbrados a su estilo de crianza. Yo no estaba preparado para el tumulto que se produjo cuando ella trató de intervenir. Mis hijos me dicen todo el tiempo que ella es demasiado severa y que no la quieren. Yo estoy en el medio".

En ese momento, Teresa se puso de pie y comenzó a caminar de un lado a otro.

"No aguanto escuchar eso —dijo—. Sus hijos tienen que hacerme caso. Él los deja que se salgan con la suya aunque hagan lo peor y yo no voy a tolerar eso en mi casa. Ellos tienen que aceptar las normas. Así quiero que se hagan las cosas en mi casa y él tiene que respaldarme".

"Pero Teresa —dijo Guillermo sin poder contenerse—. Yo nunca he criado a los niños como los quieres criar tú. Quieres tener el control absoluto y ellos no te van a respetar. ¿No te das cuenta? Cuanto más los presiones más se van a rebelar".

"Teresa —dije yo—. Creo que Guillermo ha dicho algo que vale la pena pensar. Cuanto más trates de controlar a esos niños, más se alejarán de ti. Creo que necesitas ceder un poco y cultivar una relación sana con ellos, y así Guillermo podrá apoyarte más en tu papel de madrastra".

"Eso va a ser muy difícil para mí —dijo ella—. Estoy acostumbrada a hacer las cosas de cierta manera. Ellos me enojan mucho. Sin embargo, entiendo que mi estilo no está dando resultado".

Después de varias sesiones, Teresa pudo ver con más claridad que tratar de controlar una situación en la que tenía poco poder era inútil y contraproducente. Tratar de controlar las cosas que no podemos controlar, lo cual es uno de los principales síntomas de la codependencia, lo único que logra es enojarnos e irritarnos. Es un desperdicio de energía que se emplea mejor aprendiendo a cuidarnos eficazmente.

## Hijos manipuladores

¿Qué se obtiene cuando una madre dedica su vida a asegurarse de que sus hijos no sufran ningún dolor? ¿Qué sucede cuando perciben que ella necesita que ellos la necesiten? El resultado son niños que llevan el dolor de su madre. Además, saben que pueden manipularla para que haga por ellos lo que ellos podrían hacer por sí mismos.

Tristemente vemos este patrón de conducta en niños de todas las edades. Por ejemplo, muchos hijos adultos siguen manipulando a sus padres para conseguir lo que desean. Desean la aprobación de su madre y saben que una forma de obtenerla es comportándose como si tuvieran necesidades. Si bien es cierto que la madre podría quejarse a veces por tener que lidiar con sus necesidades, sobre todo en el caso de los hijos adultos, ambos han operado en secreto durante tanto tiempo que aceptan la situación.

Echemos otro vistazo a la vida de Carla. Sus tres hijos saben que cuando gritan, vociferan, hacen pucheros y se comportan mal, ella viene corriendo. Mamá quiere resolver los problemas y sus hijos tienen muchos. La tragedia es que no aprenden a resolver los problemas por sí mismos. Buscan a su madre constantemente para que arregle lo que ellos estropearon.

Me acuerdo de una pareja madura, profesional, que tenía tres hijos: dos en la universidad y uno recién graduado. La pareja había planificado y se había sacrificado durante muchos años para darles la oportunidad a sus hijos de que asistieran a universidades privadas. Los padres tenían razón de estar orgullosos de los logros académicos de sus hijos. Sin embargo, empezó a haber tensión después que el hijo mayor se graduó.

La pareja vino a verme después de un largo período de peleas sobre cuánto tiempo debían subsidiar a su hijo después de la graduación. La madre quería ocuparse del hijo "hasta que él fuera autosuficiente". El padre pensaba que su hijo estaba listo para ser autosuficiente. Seis meses después de la graduación, el hijo todavía no tenía perspectivas de empleo. Mientras sus padres pagaban su apartamento y comida, él se pasaba el tiempo de fiesta en fiesta y leyendo por placer, algo que no había podido hacer cuando era estudiante.

Para complicar aún más las cosas, su hijo era auténticamente una persona amable. Ambos padres estaban de acuerdo en que su hijo era un joven equilibrado, buen ciudadano, sólido espiritualmente y era un placer estar cerca de él. La verdad es que era un joven muy bueno que no quería apresurarse al mundo adulto del trabajo.

Esta situación, en diferentes grados, se repite en muchos hogares de los Estados Unidos. La gente joven tiene una tendencia natural a posponer el trabajo hasta que es absolutamente necesario. Y si sus padres están dispuestos a pagar las cuentas, ese período de gracia se puede extender demasiado. Por desgracia, los padres que permiten que ese patrón se establezca corren el riesgo de crear una inutilidad adquirida en sus hijos. Cuanto más se apoyan los hijos en los padres, menos aceptan la responsabilidad de sus propias vidas.

Esa pareja me consultó durante varios meses y cada uno argumentaba su punto de vista con vehemencia. Era evidente que la madre necesitaba ser la cuidadora de su hijo. Se mostraba renuente a abandonar su rol establecido como madre y necesitaba que su hijo siguiera siendo pequeño un poquito más de tiempo. Con el tiempo se dio cuenta de que lo único que lograba al tratar a su hijo como si fuera un bebé era que él fuera manipulador, lo cual, claramente, no era lo mejor para él. Además, le impedía a ella crear una identidad saludable y adulta aparte de ser madre. Su mundo se había vuelto tan pequeño que se limitaba a cuidar de sus hijos. Ella tenía que ampliar sus horizontes y hacer los ajustes necesarios para pasar de tener hijos dependientes a ser una persona más igual a ellos. Esa es la tarea final de ser padres.

## Perdida en el revoltijo

Cuando una mujer se establece en el papel de ama de casa, esposa y madre, puede perderse fácilmente en ese revoltijo. Puede suceder tan sutilmente que tal vez ni siquiera se dé cuenta de que está sucediendo. Se levanta un día y se da cuenta de que se siente perdida. Tal vez fue esa sensación la que le hizo abrir este libro. Eso es bueno. Ser consciente de estar perdido es el primer paso para encontrar el camino otra vez. Consideremos algunos de los efectos de estar perdidos.

### Perdida en su esposo

No creo que tenga que recordarle que si emplea todas sus energías fuera de usted, no podrá estar verdaderamente disponible para su esposo. Usted conoce esa sensación de desplomarse en la cama por la noche, totalmente agotada y enojada porque él tiene la audacia de pedirle relaciones sexuales. Usted conoce la irritación que siente cuando él la presiona con esa solicitud.

Sin embargo, permítame recordarle que usted tiene una responsabilidad con su esposo. Puesto que usted quiso estar casada, debe invertir una energía importante en su relación. Puede negar este hecho un tiempo pero, a la larga, le hará daño a la intimidad de su matrimonio si no le hace caso. Y de la única manera que puede prestarle atención es si tiene algunas reservas emocionales.

No obstante, prestar atención a su matrimonio no equivale a perderse en él. Espero haber disipado ese mito. Para crear una sola carne se necesitan dos personas completas. Si usted no se cuida a sí misma no podrá estar disponible para él emocionalmente.

## Perdida en sus hijos

Hemos pasado este capítulo hablando de dar demasiado de sí a sus hijos. Hemos hablado de perderse en el papel de madre. Sin embargo, eso es muy diferente a entregarse de una manera saludable al papel de madre.

Ser una madre saludable significa dejar que sus hijos aprendan de sus errores. Significa *no* estar allí para recoger los platos rotos, saber que estarán bien sin su vigilancia constante. Significa transmitirles el mensaje de que son importantes para usted pero al mismo tiempo hacerles saber que usted tiene otras responsabilidades con otras personas y consigo misma. Usted tiene una vida aparte de las de sus hijos.

El ejemplo adecuado tendrá un efecto enorme en sus hijos. Si ellos la ven vivir una vida saludable y equilibrada, se beneficiarán. Usted les estará enseñando una lección muy importante cuando diga: "Por favor, no me interrumpas a menos que sea una emergencia. No estaré disponible durante la siguiente hora. Voy a tomar un baño caliente y prolongado".

Les estará ofreciendo una experiencia invalorable cuando diga: "No me voy a meter en esa pelea entre tú y tu hermana. Sé que ustedes dos la pueden resolver".

Estará mostrando confianza en sus habilidades para resolver problemas cuando diga: "Sé que encontrarás la forma de mejorar tus calificaciones. Estoy dispuesta a conversar con tu maestro para elaborar un plan, pero no estoy dispuesta a vigilarte de cerca mientras haces tu tarea".

Puede ver la línea de separación entre lo que es ocuparse de alguien y ser su cuidador. Cuando la encuentre se sentirá mucho mejor y sus hijos adquirirán independencia.

### Perdida en su familia

Al reflexionar en la vida de Lisa y Carla vemos que no es posible que cultiven relaciones saludables y funcionales con sus hijos hasta que hagan cambios significativos. Eso no quiere decir que esas relaciones sean totalmente disfuncionales. Sin embargo, si esas mujeres siguen esforzándose para serlo todo para todos, y raras veces se ocupan de atender sus necesidades personales, pronto se les agotará el combustible.

Las familias son entidades vivientes propias. Considere que cada familia tiene sus propias huellas, historia, rituales, metas y deseos. Dios diseñó a la familia para que fuera ese lugar especial donde cada persona pueda encontrar significado y seguridad. Eso no siempre sucede, como bien sabemos. Pero si se cuida a usted misma puede acabar con el ciclo de la codependencia. Puede enseñar a sus hijos y a su esposo que sus necesidades también deben ser satisfechas.

### Perdida en su Padre Celestial

Las Escrituras nos dicen que fuimos hechos por Dios de una manera formidable (Sal. 139:14). Dios nos ama tanto que nos ha dado un lugar especial en toda la creación. Sabemos que Él desea formar parte de nuestra vida. Eso no es posible si pasamos todos los momentos del día agradando a los demás a nuestras propias expensas.

Considere lo que se necesita para mantener una relación sana. Piense en las energías que emplea en su amistad más estrecha. Piense en la persona más importante para usted y cómo se siente al tenerla en su corazón. Su Padre Celestial también desea esa clase de relación con usted, no por obligación, sino porque anhela estar con usted. Es esencial encontrar el tiempo y la energía para edificar su vida en Él.

### Perdida en usted misma

Por último, reflexionemos en lo fácil que es estar perdida en usted misma cuando da toda su energía a sus hijos. Sus hijos merecen su mejor atención y el mayor cariño, pero debe reservar tiempo para usted.

Yo le pido que haga el compromiso de redescubrirse. Usted no ha decidido leer este libro por casualidad, ni tampoco es probable que lo esté leyendo por placer. Probablemente lo esté leyendo porque se ha perdido en usted misma. Les estará haciendo a los demás un gran favor si se toma el tiempo para entender lo que siente, piensa y quiere. Eso implica escuchar lo que Dios le está pidiendo también, ya que se trata de un aspecto crucial de su identidad.

Yo estoy convencido de que dentro de cada persona se produce una búsqueda personal. Dios da a cada uno de nosotros una misión personal. Nos creó para hacer buenas obras (Ef. 2:10). Nos ha dado a cada uno de nosotros dones singulares y estratégicos, todo con el propósito de servir y edificar a los demás en el cuerpo de Cristo (Ro. 12:3-8). A veces sentimos una "carga" cuando somos considerados con las necesidades, dudas y temores de los demás (Ro. 15:2). Pero esa carga, lejos de ser un gasto excesivo de su energía con el fin de agradar a los demás, se convierte en una expresión de nuestro deseo de cumplir con nuestra misión singular de ayudar a los demás a madurar y a ser como Cristo. Aparte el tiempo necesario para que ese don dé lugar a lo que Dios quiera hacer en su vida y con su vida.

## La madre saludable

Sara era una mujer joven casada, con tres hijos. Estaba llena de energía pero tenía una presencia calmada. Se vestía con sencillez. Lo que me impresionó fue su claro sentido del propósito. Estaba dirigiendo un retiro sobre el "llamamiento" y el propósito de Dios en la vida. Su voz era firme. Estaba segura de lo que estaba diciendo. Cuando hablaba me miraba de frente a los ojos sin temor de hacer un contacto genuino.

La conocí hace varios años en un retiro de fin de semana titulado "Cómo entender su llamamiento". Yo nunca había estado en aquel lugar. Escondido en el bosque, daba un poquito de temor. No había teléfono, televisión ni ninguno de los artefactos acostumbrados que llenan mi vida. Solamente estaba a unos kilómetros de mi casa y, al mismo tiempo, a años luz de distancia.

Sara dirigía el retiro tranquilamente y con estilo. Nos contó de su cambio en la vida de mujer profesional soltera a madre de tres niños pequeños. Al principio, dijo, sentía que había perdido su dirección en la vida. Había estado andando por un sendero profesional y entonces se sintió llamada a casarse y a criar una familia, y veía su hogar como el lugar donde Dios podía utilizar sus dones y cumplir su misión. La transición fue confusa para ella.

Al principio, dijo, le costó encontrar lugar para Dios en medio de las muchas ocupaciones de la vida familiar. Se había perdido un tiempo en la crianza de sus hijos. Su propio tiempo devocional se perdía fácilmente entre los gritos estrepitosos de sus hijos. Tuvo períodos de cuestionamiento y reflexión personal, e incluso en ese momento no creía tener todas las respuestas. Nos advirtió que no buscáramos soluciones sumamente sencillas a los retos de la vida.

Habló de su intención de crear espacio para Dios en los movimientos cotidianos de la vida, no en algún lugar imaginario donde pensemos que la vida debe estar. Necesitamos crear un lugar, dijo, adonde podamos escuchar lo que Dios podría preguntarnos. Dijo que Dios quería lo mejor para nosotros, que quería darnos. Habló de la gracia. Nos recordó las palabras de Thomas Merton, quien dijo que la peor violencia que cometíamos contra nosotros mismos era no crear tiempo y espacio simplemente para "ser".

En cierta forma, Sara me recordaba una versión joven de mi propia madre, que ahora tiene ochenta y tantos años. Antes robusta y llena del vigor necesario para criar a cinco hijos, mi madre ahora camina lentamente y con la ayuda de mi padre, que se ha dedicado a ella. Hoy día están más enamorados que nunca. Verlos juntos es un verdadero deleite. Mi madre retiene la sólida manera de pensar de la maestra de primaria que fue durante muchos años, pero ahora reflexiona más. Acepta menos incertidumbres y más imponderables. Está más disponible. Tiene el tiempo y la inclinación de estar presente de verdad para cada uno de nosotros y de escuchar con atención lo que Dios podría estarle pidiendo que haga incluso en esta etapa de la vida. Mi madre emana el deleite que viene de prestar atención al misterioso llamamiento de Dios. Sigue siendo, incluso en esta etapa de su vida, una madre para sus hijos, y nos invita con su genuina hospitalidad y aceptación, que son sus regalos para nosotros.

Entonces, ¿qué es una madre saludable? Es una persona que puede discernir las necesidades de aquellos a quienes cuida mientras también está presente en su vida. Entiende que debe conocer su propio corazón y mente para poder estar totalmente disponible para los demás. Escucha con atención cómo la está llamando Dios en su misión y propósito singulares. Mantiene límites bien definidos acerca de lo que es y no es su responsabilidad. Maneja sus roles apropiadamente sin descuidar ninguno de ellos ni obsesionarse con ninguno de ellos. Da el ejemplo de una relación sólida y amorosa con su esposo. Espera que sus hijos se comporten responsablemente y sabe que deben contribuir con la familia tanto como recibir de ella. Con límites saludables y un discernimiento dado por Dios, usted puede convertirse en esa clase de persona.

"Abre su boca con sabiduría, y la ley de clemencia está en su lengua" (Pr. 31:26).

## Reflexión

¿Va usted por la vida como un auto al que se le está acabando el combustible? Considere la relación que tiene con cada una de las personas enumeradas a continuación. ¿Está descuidando a alguna? ¿Las está disfrutando todas?

- Su cónyuge

- Sus hijos

- Usted mismo

- Su Padre Celestial

Considere cómo podría establecer una relación más sana con cada persona mencionada arriba.

# Capítulo seis

# Cómo crear una familia saludable

*Su verdadero hogar está aquí, en este momento. El presente es para actuar, para hacer, para ser y para crecer.*

DAVID VISCOTT

Desperté lentamente, frotándome los ojos para alejar el sueño. Podía escuchar a mi madre trabajando con ahínco en la cocina mientras el resto de la casa permanecía en silencio. Mis dos hermanas menores todavía estaban durmiendo. Mi papá, indudablemente, estaba afuera preparando su bote para ir a pescar en la bahía. Era media mañana pero no había prisa para levantarse. ¡Gracias a Dios que hay sábados sin escuela!

Mientras comenzaba a aclarar mis pensamientos me sentí en paz. Me puse la pesada manta casera sobre la cabeza para dormir unos cuantos minutos más y tener la oportunidad de pensar en cómo quería pasar el día. Me gustaba sentir el peso de la manta en el cuerpo. No tenía prisa y disfrutaba la oportunidad de dejar que el día se desenvolviera naturalmente, sin prisas, a diferencia de los demás días de la semana que eran un torbellino de actividades con niños que van a la escuela, mi madre que se iba temprano para su trabajo de maestra y papá que se iba para la oficina. No, aquella mañana la familia se movía a un ritmo más lento, y cada uno de nosotros tenía sus propios pensamientos, sus propios planes. Cada persona era distinta y, al mismo tiempo, éramos un grupo cohesivo. Dentro de poco mamá nos llamaría para ir a desayunar. Yo tenía diez años.

Me crié en un vecindario idílico donde 15 "mamás" vigilaban a los niños. De hecho, hasta el día de hoy se refieren a mí por mi diminutivo. Todas las madres nos conocían a mí y a mis hermanos, y mi madre también conocía a sus hijos. Esa clase de seguridad es rara en el mundo de hoy. Pero ese era mi mundo: la calle Nevada en una pequeña ciudad del noroeste de Washington.

Todos los fines de semana eran una aventura. ¿Sería un día para jugar béisbol o tal vez para cazar ranas? Siempre podíamos observar a los golfistas jugar en el campo de golf local desde la seguridad de un lugar escondido en el bosque. O podíamos conseguir que alguien nos llevara al lago a nadar.

Cuando tenía que decidir a cuál amiguito llamar para que fuera conmigo, las familias a menudo desempeñaban un papel en esa decisión. Aquellas familias moldeaban la vida de mis amigos. Aunque yo era demasiado joven como para entender plenamente esas influencias, estaba comenzando a tomar decisiones basándome en lo que veía cuando me asomaba a sus puertas. Observaba para ver si mis amigos podían ser distintos, si sus padres los escuchaban y los entendían. Observaba para ver si sus hermanos los respetaban y respetaban sus límites. A algunos de ellos se les exigía que se dejaran ver pero no escuchar, que permanecieran callados y perdidos en el caos de su familia. Me daba cuenta de que aquellos que eran respetados se sentían bien con sus familias y con ellos mismos; y al contrario, los que eran controlados en exceso se sentían denigrados y heridos.

Llegué a darme cuenta de que algunas familias eran acogedoras, abiertas. Sabía que si tocaba a sus puertas me ofrecerían una galletita y palabras amistosas. Otras eran más severas. Descubrí que el tono de una familia permanece constante con el pasar del tiempo. Cada saludo era similar al anterior. Cada visita parecía igual: los mismos muebles, la misma gente, el mismo sentimiento.

Tomasito, uno de mis mejores amigos, era hijo único. La mayoría de mis amigos tenían cuatro o cinco hermanos, o sea que no tener ninguno era raro. Yo me preguntaba cómo sería no tener un hermano o hermana mayor que me molestara, o no tener dos hermanas menores que se deleitaran en fastidiarme. Quería preguntarle por qué sus padres no tenían más hijos, pero eso parecía indiscreto. Posteriormente me enteré de que él era hijo adoptivo, lo cual planteaba incluso más preguntas en mi mente. Durante épocas de frustración, incluso me pregunté si yo era adoptado.

¿Y cómo sería —me preguntaba yo— vivir en la familia de Juanito, que vivía al lado de mi casa? Juanito tenía un hermano mayor que era mucho más alto y fuerte. Juanito no se podía comparar con él. Su hermano mayor lo intimidaba y lo trataba como si fuera un estorbo. Juanito probó muchas maneras diferentes de desquitársela, si no físicamente, con inteligencia.

Observaba a los hermanos amañárselas para conseguir cosas en sus familias. Lo que más me interesaba era el tono emocional. Quería saber cómo se trata la gente mutuamente en cada familia. ¿Qué tan conectados estaban los unos con los otros? ¿Se sentían alentados a fomentar sus dones individuales?

Observaba cómo los adultos correteaban por la casa. Presté atención a la forma en que me hablaban. Algunos de los padres eran cálidos, agradables y acogedores. Otros me trataban como si yo fuera una interrupción. Y observé cómo trataban a sus hijos, mis amigos. A veces el tratamiento era amoroso, atento, solícito. Otras veces era distante, alejado, crítico. Me daban pena los amigos que tenían padres que parecían estar enojados y ser exigentes, o madres que se mostraban sumamente preocupadas y protectoras.

Uno de los padres en particular me daba miedo: el señor Hernández, el papá de Tomasito. Aquel señor era, a los ojos de un niño, duro y brusco. Raras veces sonreía. Eso no lo podía entender porque mi propio padre por lo general era agradable y siempre estaba bromeando. Yo iba a la casa de los Hernández muy vacilante y cautelosamente tocaba el timbre de la puerta como si hubiera una manera buena y una mala de hacerlo. Entonces esperaba con ansias que llegara el hombre alto y con barba a abrir la puerta y me mirara como si yo fuera un visitante no deseado. Me daban ganas de decir: "Vengo en paz. Solo quiero jugar con su hijo".

"¿Está Tomasito?" —preguntaba yo humildemente. Él nunca contestaba. Lo que hacía era vocear: "¡Tomasito, te buscan!"

Tomasito venía a la puerta y me saludaba con entusiasmo. Era un amigo fantástico. "¡Entra Davicito!" Por lo general lo seguía a su habitación para ver sus tarjetas de béisbol más recientes o los últimos discos de Elvis. Muchas veces echaba una mirada por la casa buscando a sus padres. Su mamá aparecía a veces en la puerta y decía: "Hola Davicito", pero su papá siempre desaparecía.

No podía evitar la sensación de que el papá de Tomasito arrojaba un manto lúgubre en toda la casa. Incluso cuando era niño me di cuenta de que aquel hombre era infeliz por algo, aunque yo no tenía ni idea de lo que podía estar molestándolo. Ahora me doy cuenta de que tal vez estaba deprimido. Me preguntaba cómo es que la señora Hernández podía tolerar los cambios en el estado de ánimo de su esposo. ¿Acaso tenían una relación amorosa que yo nunca veía? Quería hacer preguntas a Tomasito al respecto pero no quería invadir su privacidad ni remover en él malos sentimientos. Él nunca se quejaba de su papá. Nunca lo escuché hablar de él para nada.

Tenía otro vecino cuyo hogar era bastante diferente. Los Jiménez vivían en una casa que no estaba terminada justo al lado de la mía. Parecía que siempre estaban tratando de acabarla. Pero a pesar de que su casa era un poco caótica, su hogar no lo era. El señor y la señora Jiménez compartían una intimidad que era obvia, y la señora Jiménez y mi mamá parecían ser las mejores amigas. Siempre tomaban café juntas. Los Jiménez tenían una política de puertas abiertas. Se aseguraban de que yo supiera que no tenía que llamar. Si había alguien en la casa, yo debía entrar. De hecho, me regañaban con cariño si me sentaba afuera a esperar que alguien viniera a la puerta. Yo tenía la libertad de ir directo al cuarto de Daniel para ver si él estaba trabajando en algún modelo a escala o si el tren de juguete estaba funcionando.

En el hogar de los Jiménez, yo encontraba el mismo calor que sentía en mi propio hogar. El tono era muy diferente al de la casa de Tomasito. Los padres de Daniel le permitían la libertad apropiada a su edad. Les alentaban a él y a sus hermanos en diferentes proyectos. Hablaban directamente con sus hijos y conmigo. Su familia parecía cálida y acogedora. Aquel era un lugar seguro para aprender cosas nuevas, crecer emocional y espiritualmente y disfrutar de la protección de la familia.

Y esa es la pregunta que cada familia se debe hacer inevitablemente. ¿Qué tan bien alienta a los demás cada miembro de la familia a desarrollar la individualidad singular que Dios quiso para ellos? Exploremos algunos de los factores que acompañan a ese proceso.

## La dinámica familiar

Tal como descubrí mientras crecía en la calle Nevada, las familias vienen en todos los tamaños, formas y colores. Sin embargo, el ingrediente más importante es el carácter. Cada familia, en su propia forma, logró o no logró alentar a sus hijos a que crecieran fuertes y confiados, a tener voz en la familia y a aprender a apoyarse unos en otros de una manera sana. Recuerde que nuestra meta es encontrar esa interdependencia saludable y precaria que se halla entre la independencia y la dependencia.

Las Escrituras describen a la Iglesia como un cuerpo, y podemos aplicar esa útil figura a las familias también. "Porque de la manera que en un cuerpo tenemos muchos miembros, pero no todos los miembros tienen la misma función, así nosotros, siendo muchos, somos un cuerpo en Cristo y todos miembros los unos de los otros" (Ro. 12:4-5). Aquí encontramos una imagen maravillosa de unidad en medio de la diversidad. Pablo continúa este tema en su carta a los Corintios.

> Porque así como el cuerpo es uno, y tiene muchos miembros, pero todos los miembros del cuerpo, siendo muchos, son un solo cuerpo... Además, el cuerpo no es un solo miembro, sino muchos. Si dijere el pie: Porque no soy mano, no soy del cuerpo, ¿por eso no será del cuerpo?... Mas ahora Dios ha colocado los miembros cada uno de ellos en el cuerpo, como él quiso (1 Co. 12:12-18).

Aquí vemos una hermosa ilustración de la importancia que tiene cada persona. Cada una desempeña una función diferente y esencial en la familia. Pablo usa un argumento absurdo para expresar lo que quiere comunicar. Si cada persona del cuerpo fuera un ojo, ¿cómo podríamos funcionar? Si todos fueran un pie, ¿cómo funcionaríamos? Sin embargo, esa ilustración tiene algo de verdad porque nos dice que apreciemos los dones singulares de cada miembro. Una verdad fundamental de la Iglesia y las familias humanas es que cada persona es valiosa y significativa.

Ese ejemplo del funcionamiento de la familia es nuestro ideal; sin embargo, no siempre es la realidad. Vivimos en un mundo lleno de familias disfuncionales y personas que no son sanas. Examinemos más de cerca cómo las familias logran o no crear un clima para que las personas sean sanas.

## Familias abiertas y cerradas

Una familia sana proporciona una atmósfera de calor y seguridad. Los secretos son pocos, si es que existen. No hay tema prohibido. Esos hogares son cálidos y la comunicación es abierta. Los niños saben que son amados y valorados. Sus padres buscan sus opiniones y se preocupan por su bienestar. Los padres no ven a los niños como "adultos pequeños" que se las pueden arreglar solos. Más bien los reciben como regalos, bendiciones que necesitan formación para crecer y convertirse en adultos saludables. Nunca están obligados a ser "vistos pero no escuchados". Los niños tienen la libertad de hacer ruido mientras se divierten, lo cual es muy natural. Pueden invitar amigos a su casa porque los padres buenos saben que es importante desarrollar habilidades sociales. Esas son formas de crear autoestima en la gente joven.

Y los niños de las familias saludables se preocupan por los adultos. Los niños se relacionan con sus padres fácilmente. La amistad y el apego se notan pronto. Los miembros de la familia son sensibles unos a otros. Expresan su amor con un toque ocasional, con preguntas que los mantienen al día respecto a los demás y con bromas que crean calor y cariño, no vergüenza ni ridículo.

Por otro lado, las familias cerradas tienen muchos secretos. En su popular libro titulado *Another Chance* [Otra oportunidad], Sharon Wegscheider-Cruse nos cuenta que en muchas familias hay algunos miembros que tienen que ser tratados como si sencillamente no existieran. Las relaciones sexuales, la ilegitimidad, cuánto dinero gana papá o cómo se lo gana, las peleas entre los padres, las dudas religiosas y ciertamente el abuso del alcohol y las drogas son todos temas tabú en muchas familias. En otras, tal vez estén prohibidos silenciosamente para insinuar que papá (o mamá si ella es la figura de autoridad) nunca cometen errores.[1]

Wegscheider-Cruse prosigue diciendo que las familias que no hablan de ciertos temas, por lo general tampoco comparten sus sentimientos. Eso es particularmente cierto si los sentimientos son "malos", como la ira, la frustración, el desaliento, la tristeza o el temor. Acallar los sentimientos es un asunto trágico en muchas familias. Los hijos que no han aprendido a compartir sus sentimientos están separados unos de otros y de sí mismos.

La tragedia no termina ahí. Cuando compartir los sentimientos va contra las reglas y algunos temas son tabú, los miembros se separan unos de otros. No pueden relacionarse fácilmente de una manera saludable. Wegscheider-Cruse dice: "La información y los sentimientos permanecen reprimidos dentro de cada uno de ellos y no los comparten. Y puesto que nadie tiene una imagen clara y confiable de la situación en la familia en ningún momento determinado, deben hablar, actuar y tomar decisiones en ignorancia".[2]

Julia era una mujer de cincuenta y tantos años que vino a verme porque deseaba aprender más de sus sentimientos. No estaba sufriendo ninguna crisis inmediata, pero tenía una vaga sensación de infelicidad y se preguntaba si estaba perdiendo su carácter feliz. Aunque vino manifiestamente porque no estaba contenta con su trabajo y estaba estresada por su papel de enfermera en nuestro hospital local, no entendía algunos aspectos de su personalidad. Había vivido insegura de lo que sentía acerca de muchas cosas.

"Debería estar contenta con mi trabajo. Me pagan bien. Tengo un horario flexible y un puesto prestigioso. He necesitado 25 años de mi vida para llegar aquí, y ahora parece que no puedo ser feliz".

"¿Cuándo recuerda haber comenzado a sentirse infeliz?" —le pregunté.

"Parece que empeora un poco más cada año. Supongo que comencé a quejarme con mi esposo hace unos dos años. Él me ha apoyado mucho en todo esto".

"Entonces, cuénteme más de su trabajo. ¿Qué le causa estrés?"

Ella hizo una pausa por un momento para reflexionar en la pregunta. Se sentó rígidamente en el sillón. Después de unos momentos contestó.

"No estoy segura de que me guste siquiera ser enfermera. Pero aborrezco esos pensamientos. He dedicado mucho tiempo a esta profesión. Dejar el trabajo es inconcebible. Cambiar de profesión no es una opción. Tengo que aprender a que me guste de nuevo. Eso es todo".

"No sé si tenga que pensar en cambiar de profesión. Pero sí creo que tal vez deba pasar más tiempo reflexionando en lo que le gusta y le disgusta de su trabajo. Tal vez podamos encontrar la forma de que disfrute más su trabajo".

"Nunca he sido una persona que reflexione mucho. Supongo que este es el camino que escogí y tengo que sacar el mejor provecho de ello".

Julia permaneció en consejería durante varios meses. A medida que nuestras sesiones progresaron, llegó a decirme que tuvo una niñez en la que compartir sus sentimientos era un tema tabú. Su padre, que era muy estricto, decidió temprano que ella y sus hermanos serían profesionales. Su deseo secreto de estudiar arte no importaba. Puesto que su padre era médico y su madre era analista financiera, no les gustaban ciertas profesiones por considerarlas frívolas y poco prácticas. No dieron el ejemplo de expresar sus sentimientos abiertamente y Julia admitió rápidamente que le resultaba difícil entender sus sentimientos.

La consejería fue su primera oportunidad de explorar otros aspectos de sí misma, incluida su propia felicidad, sobre la cual se había prohibido a sí misma pensar. A la larga, después de meses de pensarlo mucho y de mucho respaldo de parte de su esposo, decidió trabajar menos y tomar clases de arte por las noches. No sabe con certeza dónde la llevará ese camino, pero siente un gran alivio simplemente por permitirse explorar otras posibilidades.

## Familias participativas y no participativas

Un paseo rápido por muchos hogares revela lo apegados y comprometidos que están los miembros de la familia unos con otros. El hogar abierto y participativo se ha diseñado pensando en los niños. Los niños no tienen miedo de hacer ruido ni de tocar algunos objetos. Ese es el hogar donde uno nota rasguños en los muebles de vez en cuando, y a veces los objetos incluso se rompen. Sin embargo, la regla tácita es que las cosas se pueden reemplazar; los niños son un préstamo temporal y no por mucho tiempo.

La hora de las comidas era importante en mi casa. Era, claramente, un tiempo para relacionarnos unos con otros. Mi madre, sueca de pura sangre, preparaba suficiente comida como para alimentar a un ejército. Su mensaje para nosotros era que nos íbamos a sentar y a conversar unos con otros. Íbamos a hacer una pausa suficientemente larga en nuestros proyectos personales para ser una familia. Y papá hacía cumplir sus deseos. Se esperaba de nosotros que estuviéramos en la mesa a la hora de la comida y había pocas excusas lo suficientemente sólidas como para justificar no estar presente. Éramos una familia participativa y solícita y yo he intentado transmitir esos valores a mis hijos.

No quiero que me entiendan mal. Con cuatro hermanos, dos mayores y dos menores, aquella no siempre era una sesión cálida y cariñosa. Mi hermano mayor expresó claramente que yo era una molestia en su vida, así como lo hice yo con mis hermanas menores. Mi hermana mayor y yo cambiábamos de parecer constantemente en cuanto a si disfrutábamos la compañía mutua o si íbamos por caminos diferentes. Pero todos sabíamos, a pesar de las luchas familiares cotidianas, que nos teníamos un gran afecto y cariño unos a otros. Sabíamos que podíamos contar los unos con los otros en tiempos malos.

Desgraciadamente, demasiadas familias no son participativas. Siempre me dio pena Jaimito. Él nunca se quejaba de su familia aunque yo sabía que las cosas no andaban del todo bien. Su familia no era participativa. Sus padres y hermanos iban cada uno por su lado. No se reunían en la cocina a conversar de sus planes para el día. De hecho, ni siquiera tenían un lugar de reunión. La situación con Tomasito era incluso más perturbadora: él prefería estar en mi casa y yo tenía miedo de ir a la suya.

Nuestros otros vecinos, la familia cuya mamá venía a nuestra casa a tomar café con mi madre, estaban evidentemente comprometidos y apegados unos a otros. Me encantaba ir a la casa de Daniel. La familia pasaba tiempo junta en la cocina y en la sala. Su mamá siempre parecía tener algún pastel listo para nosotros. A la hora que yo llegaba, ella sacaba los platos y todo el mundo disfrutaba de un trozo de pastel caliente con helado.

¿Se acuerda usted cómo le hacían sentir las familias en el vecindario donde usted se crió? ¿Recuerda los hogares que parecían gritar "¡Entra!"? ¿Y recuerda aquellos que parecían advertir "¡Cuidado! Este no es un lugar amistoso?" Mientras consideramos los límites saludables en las familias, trate de pensar en los ejemplos positivos.

## Familias enmarañadas

Las familias, los hermanos de la iglesia, los compañeros de trabajo, los amigos y los conocidos de todo tipo son capaces de hacer daño a nuestra individualidad. Las familias pueden ser demasiado distantes y desapegadas unos de otros, pero también pueden estar demasiado cerca unos de otros. Puede ser difícil imaginarse demasiada cercanía pero la cercanía puede ser sofocante. Cuando las personas se esfuerzan demasiado por complacerse unas a otras, la participación saludable da paso a una maraña que no es saludable.

- Cada persona tiene que saber lo que están haciendo las otras.

- No se permiten la privacidad ni los secretos apropiados.

- El chisme es rampante.

- Las personas se dicen unas a otras cómo deben comportarse y sentirse.

- Hablan los unos por los otros.

- Unos dicen a otros cómo se están sintiendo los demás o lo que están pensando.

- Uno o más de los miembros de la familia son excesivamente controladores.

- La familia tiene una manera "correcta" de hacer las cosas y no se tolera ninguna otra.

Gracias a Dios podemos aprender de las historias bíblicas de personas que vivían en familias problemáticas. En la historia de Isaac y sus hijos, Jacob y Esaú, vemos este principio en función. En su libro titulado *Secrets of Your Family Tree* [Secretos de su árbol genealógico], Dave Carder señala cómo Isaac estaba enredado con sus hijos.[3]

A medida que se desarrolla la historia, Carder explica cómo Isaac demostró favoritismo por Esaú. Isaac se alejó del hijo que Dios escogió, Jacob, en favor de Esaú. Su relación padre-hijo se volvió disfuncional y adoptó esa cualidad de maraña que vemos en muchas familias de hoy. Esaú perdió su propia identidad para convertirse en lo que su padre quería que fuera. "Esaú tenía una inclinación a ser y a hacer todo lo que Isaac nunca pudo hacer —dice Carder—. Isaac tuvo la oportunidad de convertirse vicariamente en 'un hombre fuerte'... Tal vez podía desarrollar cierta identidad propia a través de los logros de su hijo".

Carder prosigue diciendo que Isaac violó voluntariamente el plan de Dios tratando de resolver sus propios problemas a través de su hijo. Isaac y su esposa competían por la admiración y la aprobación de sus hijos. Rebeca derramó su favoritismo en Jacob; Isaac lo hizo en Esaú.

El favoritismo es solo una manera de que la maraña haga desaparecer los límites saludables. Se representa de muchas otras formas en una familia. Tal como mencioné brevemente en la lista anterior, la maraña, o el apego excesivo, puede suceder cuando una familia está demasiado metida en los asuntos de los demás. Puede suceder cuando un padre necesita que un hijo se convierta en estrella para que compense las deficiencias del padre en los deportes.

Puede ocurrir cuando una madre necesita que sus hijos la sigan necesitando para ella poder extender su papel de madre que ofrece formación. Puede suceder cuando los padres exigen que sus hijos sean perfectos o que imiten las conductas de sus padres. Todos esos patrones sirven para crear una persona excesivamente dependiente a diferencia de la persona interdependiente que es la característica de una familia saludable.

## Reglas de la familia

Otra característica de una familia saludable es que las reglas son flexibles y humanas y ayudan a crear límites saludables. Las reglas están hechas para la familia y son apropiadas para las personas que viven en la familia. Una mirada crítica a esas reglas dice mucho acerca de una familia en particular. Wegscheider-Cruse nos ayuda a examinar las reglas no realistas y limitantes que gobiernan a muchas familias:

- Sé amable con todos.

- Mira siempre el lado bueno de las cosas.

- Controla tus sentimientos.

- No digas nada si no puedes decir algo amable.[4]

Superficialmente, esas reglas tienen sentido, pero si las examinamos más de cerca revelan que pueden sofocar la individualidad. Esas reglas son imposibles de cumplir y llenan a la persona de vergüenza. Fomentan la manipulación y el engaño. Si la gente se apega a ellas con mucha rigidez, la familia crea una serie de robots en lugar de personas creativas y solícitas.

"¿Cuál sería una mejor alternativa?" —podría usted preguntar. Wegscheider-Cruse sugiere crear reglas que tengan un tono honesto y razonable. Sugiere reglas como las siguientes:

- No puedes golpear a nadie de la familia.

- Se espera de ti que dejes la bañera limpia para la próxima persona que la va a usar.

- Se espera de ti que estés en casa a más tardar a medianoche, o que llames.

- Se espera de ti que trates a todos los miembros de esta familia con respeto.[5]

Las reglas dentro de la familia que fomentan la individualidad también son flexibles. Como padres, ustedes saben que cada uno de sus hijos es diferente. Cada uno necesita diferentes estilos de disciplina, diferentes formas de amor y apoyo, diferentes límites. Las familias saludables permiten las diferencias individuales.

Recuerdo el regaño severo que recibí de mi hijo menor hace varios años. Me tomó aparte y me recordó que él no era su hermano mayor. Solo porque yo tuviera que establecer ciertos límites para su hermano, esos mismos límites, en su opinión, no eran necesarios para él. Señaló con razón que las reglas que yo estaba imponiendo eran anticuadas y no encajaban en sus circunstancias.

Mi primera reacción a su solicitud fue volver a mis antiguos patrones establecidos de crianza. Después de todo, las viejas reglas habían dado buen resultado para criar a su hermano. ¿Por qué abandonar aquellas técnicas comprobadas? Haber mantenido el mismo rumbo hubiera sido mucho más fácil. Hacerlo requiere menos trabajo porque podemos seguir la misma receta que dio resultado antes, sin tener que elaborar toda una nueva forma de hacer las cosas. Pero pocas veces es esa la mejor manera de proporcionar la atmósfera para crear un clima de creatividad e individualidad. Y *eso* es lo que queremos lograr.

Creo mucho en el programa de Jim Fay y Foster Cline para criar hijos llamado "Parenting with Love and Logic" [Cómo criar a los hijos con amor y lógica]. Su enfoque trata de incluir a los niños para que resuelvan sus propios problemas. Fay y Cline ven las dificultades como una oportunidad de que los niños mejoren sus habilidades para resolver problemas. Pocas veces los padres que usan el programa "Love and Logic" usan reglas generales para manejar situaciones difíciles. Más bien miran al niño, el cual tiene una expresión de desconcierto, y preguntan: "¿Cómo vas a resolver este problema? A mí me parece difícil".

## Una familia con límites

Lograr que un matrimonio funcione es difícil. Conservar sus propias preferencias en un matrimonio es un trabajo constante. A eso se le añade el reto de cultivar una interdependencia apropiada en una familia de cuatro, cinco o seis personas. Y además se le añaden niños con personalidades, necesidades y exigencias distintas. La vida familiar puede volverse increíblemente compleja.

Repasemos el plan de Dios para nosotros y nuestras familias. Para eso tenemos que fijarnos en los ejemplos de las Escrituras que ofrecen guía para el desarrollo de familias saludables. Basándonos mucho en la obra propulsora de los doctores Townsend y Cloud sobre límites y a su libro titulado *Boundaries* [Límites], nos damos cuenta de que las limitaciones forman parte del designio de Dios. Dios diseñó el universo de una manera ordenada. Fijó límites a los mares, los cielos, las estrellas y los planetas. Si nos fijamos en el gran espacio por la noche o vemos los mismos patrones día tras día, obtenemos una vislumbre del corazón de Dios y su orden creativo.

De la misma forma, Dios diseñó a la familia. Su plan incluía a los padres, o las figuras paternas, para que desempeñaran la función de líderes. Vemos ese modelo en todas las Escrituras: los padres dirigen a las familias, las cuales a menudo incluyen hijos que son dependientes hasta que llegan a la etapa de autonomía. También vemos en las Escrituras, y en nuestras propias experiencias, familias de diferentes estilos y modelos. Algunas tienen padre y madre y otras tienen solamente uno de los dos. Algunas tienen varios hijos y otras uno solo o ninguno. Pero todas comparten rasgos similares. Todas tienen la necesidad de fomentar la individualidad así como la interdependencia mutua. La familia debe crear un lugar seguro para probar con diferentes roles y conductas al tiempo que ofrece oportunidades de desarrollar la autoestima. Tal como hemos dicho, cada miembro es necesario y significativo.

Townsend y Cloud nos ayudan a entender el concepto de los límites dentro de la familia. Hacen hincapié en que necesitamos líneas que indiquen dónde comienza usted y dónde termino yo. Una línea de demarcación que sugiere que estamos separados. Usted no es responsable de mí ni mis acciones. Puede que nos sintamos tentados a cuidarnos mutuamente de manera excesiva, pero tal como hemos visto antes, Gálatas 6:2-6 enseña que somos responsables de llevar nuestra propia carga —la que podemos llevar— y que hemos de ayudar a los demás con las cargas que ellos no pueden llevar solos. Entender la diferencia y actuar en consecuencia exigen sabiduría y discernimiento. La familia saludable dice: "Te ayudaré cuando sea apropiado; también te voy a dejar resolver tus propios problemas y manejar tu propia vida cuando puedas".

## Las posibilidades de la familia

La familia es una institución sagrada. Igual que la Iglesia, es un lugar sagrado y seguro para estar con Dios y con los seres queridos. Con nuestra familia podemos descansar, intercambiar ideas y deleitarnos en cómo hemos sido creados.

Miguel era un niño de 12 años delgado pero fuerte. Vino a mi consultorio con una gorra de béisbol al revés y pantalones vaqueros que le colgaban de la cadera, listo para desafiar a cualquier autoridad. Sus padres me habían dicho que él había comenzado a probar los límites de su familia, de la escuela, y de sus propios valores. Su hermano mayor ya había pasado por esos años de prueba. Su hermana menor todavía era inocente y preguntaba: "¿Por qué tiene Miguel que ser tan desagradable?"

Vinieron a mi consultorio como familia. Los tiempos eran difíciles económicamente, lo cual creaba una mayor inestabilidad en su hogar. Pero los padres de Miguel me habían consultado años antes por asuntos relacionados con su hermano mayor y ahora estaban decididos a buscar ayuda para Miguel.

Afortunadamente para Miguel, sus padres, Julia y Ramón, tenían un poco de experiencia en conducta adolescente. Sabían mantener la perspectiva correcta de las cosas. Aunque Miguel estaba enojado, ellos sabían que esa época de cuestionamientos formaba parte del proceso de convertirse en un individuo. Los doctores Hemfeldt y Warren llaman a esa época

autonomía con apego... Esa época no es fácil ni para los padres ni para los hijos. El proceso de crecer es algo así como un sube y baja. Un extremo es dependencia y el otro es independencia. Un niño saludable aprende a pararse aproximadamente en medio y a equilibrar la tabla hasta que queda plana, con un pie sobre cada lado.[6]

La tarea de cada persona es encontrar ese equilibrio entre la excesiva dependencia y la independencia desesperada. La adolescencia puede ser una época torpe en la que uno se agita mucho pasando de un extremo a otro. Incluso los adultos luchan para apoyarse adecuadamente en los demás mientras manejan aquellos aspectos de su vida que son su responsabilidad.

Trabajé con Julia y Ramón para encontrar una forma de escuchar los clamores de Miguel de que lo comprendieran. Trabajamos juntos para crear un ambiente en el que Miguel pudiera encontrar su propio lugar singular en aquella familia. Esperar que fuera como su hermano o su hermana no sería razonable. Sus padres necesitaban escuchar con atención el corazón y los anhelos de Miguel y fomentar su desarrollo particular.

Varios meses después, con una combinación de consejería familiar e individual, la familia era mucho más feliz. Miguel pudo obtener algo de la autonomía que estaba buscando. A medida que se hacía más responsable con sus calificaciones y sus tareas en la casa, Ramón y Julia le permitieron que llegara más tarde a la casa. Él podía expresar mejor las diferencias que tenía con sus padres y encontró formas de negociar más independencia. Algunas de sus decisiones eran difíciles de aceptar para sus padres, pero ninguna violaba los principios y valores cristianos básicos. La familia tuvo que ser flexible, aunque con quejidos y gemidos, pero han terminado siendo más sólidos que antes.

Esta familia era única en muchas formas pero muy típica en otras. Les resultaba difícil encontrar la forma de dar la oportunidad a cada miembro de la familia de desarrollar su individualidad dentro de un sistema mayor de valores y comportamientos esperados. Julia y Ramón lograron ser flexibles al tiempo que seguían apegados a ciertos principios. Pudieron negociar y permitir que su hijo encontrara sus propias soluciones. Todo eso sucedió en los confines seguros de la familia. Eso es precisamente lo que todos nosotros debemos fijarnos como objetivo.

## ¿Cómo es su familia?

Las familias son entidades complejas. Entendí esa verdad cuando pregunté a varias personas cómo funcionaban sus familias durante sus años de niñez. Específicamente, hice preguntas sobre las comidas familiares, ya que las mismas parecían ser el contexto donde se desarrollaba la vida emocional de la familia. O, por el contrario, donde no se desarrollaba.

Una amiga compartió la siguiente historia. Su familia, igual que la mía, tenía que reunirse por obligación para cenar todas las noches. Sin embargo, aquella no era una ocasión feliz para los niños. Ellos llegaron a temer al "sargento instructor" que era su padre, el cual exigía que cada niño se tomara un vaso lleno de leche, probara al menos un bocado de todo lo que había en la mesa y se comiera todo lo que tenía en el plato. No importaba si alguno de los niños era alérgico a la leche o si estaba demasiado lleno como para comérselo todo. El padre necesitaba control absoluto y casi lo conseguía. Sin embargo, los niños encuentran la forma de impedir las exigencias no realistas de los padres. Mi amiga y sus hermanos descubrieron toda clase de maneras ingeniosas de evitar comerse toda la comida. Por desgracia, ella todavía tiene las cicatrices de aquellos encuentros familiares, en los que la promesa de una verdadera intimidad nunca se cumplió.

A medida que usted leía este capítulo, ¿pudo reflexionar en los patrones de comunicación en su familia? ¿Pudo considerar si las reglas son flexibles o no, y si satisfacen las necesidades de cada niño? ¿Y los temas de autonomía y expresión? ¿Tolera usted diferentes opiniones, estilos de peinado y de vestimenta? Y lo que es más importante, ¿*fomenta* esa expresión? Esas son solamente algunas de las preguntas que vale la pena considerar mientras cría a su familia y hace las paces con su propia niñez.

Recuerdo una útil explicación de Proverbios 22:6, el famoso pasaje acerca de la crianza de los niños. "Instruye al niño en su camino, y aun cuando fuere viejo no se apartará de él". Ese pasaje por lo general se cree que significa que si uno cría a los niños en los caminos del Señor, cuando sean mayores no los dejarán. Sin embargo, aquel maestro en particular sugirió que el pasaje nos dice que hemos de enseñar al niño conforme a sus inclinaciones naturales en lugar de obligarlo a ser algo que nunca debió ser. ¿Está usted exhortando a sus hijos a que desarrollen sus dones y habilidades naturales?

## Las bendiciones de la familia

Tal vez cuando usted lea este libro se encuentre en un momento difícil con su familia de origen o con su familia actual. Quizás esté pasando por un intenso conflicto. Es posible que parte de ese conflicto se relacione con temas que hemos tratado en este libro, como establecer y respetar límites. Tal vez esté luchando con la forma en que los demás esperan que usted se comporte, cuando usted sabe, en el fondo de su corazón, que satisfacer las expectativas de otras personas sería violar su propia integridad. Su tarea, como bien sabe, es crear un ambiente seguro en el cual pueda crecer para poder satisfacer apropiadamente las necesidades de los demás miembros de su familia.

Mientras desempeña el trabajo vitalicio de entenderse a usted y a su familia, recuerde que las familias perfectas no existen. Cuando se sienta tentado a quejarse de su madre, padre, hermana, hermano, hijo o hija, recuerde que su familia también es un lugar maravilloso para practicar las habilidades necesarias para andar por la vida con éxito. Imagínese que su familia es el marco para poner en práctica los límites que está aprendiendo. Considérela un lugar adonde la gente le conozca y le ame, pero también un lugar adonde necesitan acordarse de que usted es singular. Usted tiene gustos, disgustos y necesidades distintos. Practique decir a los demás de qué forma usted es diferente y deléitese en esa diferencia.

Por último, considere la posibilidad de que pertenecer a su familia en particular no fue ningún error. Fue una bendición que le entregaron personalmente. En épocas de tensión y frustración, puede que se haya dicho a sí mismo que alguien, evidentemente, cometió un terrible error en el hospital. En su imaginación, a usted lo agarraron un par de padres diabólicos y ha sufrido innecesariamente, sabiendo que sus padres perfectos están en algún lugar lamentando la pérdida de su hijo inocente. Sin embargo, debe considerar lo siguiente detenidamente: usted se encuentra justo donde se supone que esté. Los retos que tiene con sus padres, esposo, hijos y vecinos están todos perfectamente diseñados para su crecimiento. Usted tiene las herramientas para crear una familia maravillosa y saludable porque entiende el delicado equilibrio entre la individualidad y la interdependencia. Las posibilidades son interminables.

## Reflexión

Piense en su familia de origen.

- ¿Se comunicaban los miembros de su familia libre y abiertamente?

- ¿Eran flexibles las reglas de la familia?

- ¿Tenían los miembros de su familia la libertad de desempeñar distintos roles en diferentes ocasiones?

- ¿Valoraba su familia a cada persona?

- ¿Estaban los miembros de su familia vinculados unos a otros?

Ahora reflexione en la familia que formó de adulto. ¿En qué se diferencia de su familia cuando usted era niño? ¿En qué se parece? Piense en cómo puede convertirla en la clase de ambiente en el que cada persona es atesorada por sus dones singulares y su contribución especial.

# Capítulo siete

# Perdido en las amistades y en el trabajo

*Si te preocupa la aprobación de los demás, serás su prisionero.*

Tao Te Ching

Susana apenas escuchó el timbre del teléfono debido a los gritos de sus hijas. "¡Silencio!" —gritó al tiempo que corrió a la habitación a contestar la llamada, con la esperanza de poder escuchar mejor allá. "Aló" —dijo con impaciencia, todavía frustrada con la conducta de las niñas. Tenían cuatro y seis años de edad y peleaban constantemente.

"Susana —contestó la voz con tensión— habla Jimena. Tengo que hablar contigo. ¿Vas a estar en la casa un rato?"

Sin vacilar, Susana dijo a Jimena que fuera de inmediato. Percibió la urgencia en la voz de Jimena e inmediatamente ofreció su amistad. Sin embargo, después de colgar el teléfono, deseó no haber hecho la invitación. Estaba cansada y tenía que preparar la cena. Su esposo, Javier, pronto estaría en casa y esperaba que la familia cenara junta.

Jimena era una madre soltera que vivía en la misma calle. Ella y Susana se habían conocido en el programa "Madres de preescolares" de la iglesia. Jimena se había apegado a Susana de inmediato. Vio a Susana dispuesta a esforzarse por ella y se aprovechó de su generosidad. Jimena llamaba a cualquier hora, independientemente de la responsabilidad familiar de Susana, para pedir ayuda. Aunque las dos eran más o menos de la misma edad, Susana sentía algo de apego maternal hacia Jimena.

Minutos después de colgar el teléfono, Jimena tocó a la puerta. Susana les pidió a las niñas que se fueran a la sala. Cuando abrió la puerta, Jimena estaba de pie en el pórtico y le corrían lágrimas por las mejillas.

"¿Qué pasa Jimena? —preguntó Susana—. Entra y siéntate".

Jimena procedió a contar a Susana sus más recientes problemas con una relación sentimental. Eran los mismos que Susana había escuchado antes. Jimena parecía estar en una crisis continua en sus relaciones sentimentales. Había estado casada y divorciada dos veces y en ese momento tenía una relación con un alcohólico que era verbal y físicamente abusivo. Esa tarde, el novio de Jimena había llegado a la casa borracho y tuvieron una fuerte discusión. Cuando él se fue prometió no volver. En el pasado eso siempre había significado que iba a volver en poco tiempo, más enojado que nunca.

A medida que Jimena contaba su saga más reciente, Susana se preguntaba cuándo llegaría Javier. Además prestaba atención a los ruidos de la sala, pendiente de lo que hacían las niñas. Se sentía culpable por no prestar más atención a Jimena, pero también se sentía molesta. Molesta porque Jimena siempre tenía relaciones problemáticas, molesta porque sus hijas no podían jugar sin pelear, molesta porque todavía tenía que preparar la cena y luego los almuerzos para el día siguiente. Antes de irse a dormir, también tendría que planchar la ropa para ir al trabajo.

Mientras Jimena contaba la última estupidez de su novio, Susana escuchó el ruido distintivo de la camioneta de Javier que llegaba a la entrada de la casa. Mientras luchaba para encontrar la forma de decir a Jimena que tenían que terminar la conversación para ella poder comenzar a preparar la cena, Jimena lanzó una bomba inesperada.

"¿Podría pasar la noche aquí? —dijo Jimena—. Me da miedo lo que pueda hacer Roberto si vuelve esta noche".

En ese momento, Javier entró por la puerta.

"Hola, cariño" —dijo—. "Hola, Jimena. ¿Cómo estás?"

"Mejor ni te cuento" —dijo ella—. "Roberto vuelve a sus andanzas. Siento mucho pedirles este favor, pero de verdad necesito un lugar donde pasar la noche. No se lo pediría si no fuera absolutamente necesario".

"¿Pasar la noche?" Javier miró a Susana. Ninguno de los dos quería añadir eso a su lista de responsabilidades. Sin embargo, Susana percibía que la solicitud de Jimena era genuina. La verdad era que estaba pasando por una crisis y no estaría segura en su casa. Jimena necesitaba desesperadamente una mano amiga.

¿Qué debía hacer una amiga en ese caso?

## Perdido en las amistades

Javier y Susana habían conversado de eso antes. Habían hablado sobre cómo poner límites a los amigos que pedían demasiado. Habían tratado el tema de qué son expectativas razonables en las amistades.

Las amistades raras veces caen dentro de directrices claras y bien definidas. Es posible que a uno le den consejos diferentes sobre cuál es la mejor forma de relacionarse con un amigo que hace cosas que molestan. Ya hemos hablado antes de la importancia de tender una mano a nuestro prójimo llevando los unos las cargas de los otros. Pero, tal como indica Gálatas 6:1-5, hemos de ofrecer ayuda a los que no se pueden ayudar a sí mismos. No hemos de llevar las cargas de los demás cuando ellos pueden llevarlas y son responsables de hacerlo. A mucha gente le cuesta distinguir la línea borrosa que hay entre la amistad y la responsabilidad personal.

En su intento de ayudar a Jimena, Susana se había esforzado más de lo que deseaba. Su agitación interior es una clara señal de que Jimena estaba sobrepasando sus límites. De verdad le importaba su amiga y había desarrollado cierta lealtad hacia ella. Pero también era muy leal a su familia y a sus propias necesidades. Su corazón estaba dividido.

Este dilema no tiene respuestas fáciles. Vemos que si Susana accede a la petición de Jimena, podría hacerse daño a sí misma y a su familia. Ellos esperan la cena. Las niñas necesitan atención y supervisión. Javier ha llegado esperando poder pasar tiempo con su familia. Además, Jimena podría o no necesitar que la "rescataran" de su apuro. Es posible que tenga que lidiar con su problema de frente para que no se repita. Tal como hemos dicho antes en este libro, no debemos facultar a la gente cuando está luchando con un tema que necesita resolver por sí misma.

## Un patrón que se repite

Los problemas de Susana para fijar límites no se limitan a Jimena. Ella ha luchado durante un tiempo para encontrar la forma de evitar esforzarse hasta el punto en que se siente incómoda con sus amigas. Ella y Javier han tenido conversaciones difíciles acerca del hecho de que su primer compromiso es con su esposo y su familia, no con sus amigas ni sus obligaciones externas. A veces, según Javier, ella ha empleado demasiado tiempo y energía trabajando en comités, en detrimento de su familia.

Para Susana este tema no es fácil. Puesto que es una mujer agradable con una gran cantidad de energía, tiene muchas amigas. Le gusta la gente y ella le cae bien a la gente. Tiene una personalidad dinámica que atrae a las personas. Tal vez su rasgo más característico sea su capacidad de *prestar ayuda*. Cuando ve los problemas está lista para ayudar. No le gusta saber que la gente tiene problemas. Si sus esfuerzos por ayudar a los demás no la dejaran exhausta, tal vez aplaudiéramos su disposición a participar.

La dificultad de Susana para equilibrar sus compromisos no se limita a su participación en la vida de sus amigas. Susana es una cantante fantástica. Dirige la sección de soprano del coro y a menudo la llaman para que cante solos. Su talento es una fuente de orgullo para ella y le produce un gran gozo. Cualquier día podemos encontrarla escuchando las cintas de ensayo del coro y estudiando su parte incansablemente.

No obstante, su talento tiene un lado oscuro que hace poco le presentó un desafío. Carolina, la directora del coro, por lo general no está preparada para los cultos de los domingos en la mañana, y muchas veces Susana hace el trabajo por ella. Carolina es su amiga y a Susana no le gusta que el coro se oiga mal. Por eso, cuando percibe que Carolina necesita ayuda para preparar el coro, Susana pasa tiempo extra con algunos de los miembros para asegurarse de que sepan su parte. No puede resistir la tentación de asumir algo de responsabilidad aunque sabe que su amiga recibe una paga por hacer el trabajo.

¿Qué hay de malo en lo que Susana está haciendo con el coro? ¿Qué hay de malo en que quiera ayudar a Jimena? A primera vista, nada. Pero al final del día, cuando ella se sienta a solas con su esposo, descubre que se está quejando por tener que ir a rescatar a la gente constantemente. Se pregunta en voz alta por qué Jimena sigue escogiendo a hombres alcohólicos. Se pregunta por qué Carolina no se prepara adecuadamente para los cultos del domingo. Se pregunta por qué todo el mundo se apoya en ella para que resuelva los problemas. Javier conoce la respuesta. ¡Porque lo pueden hacer! La gente se apoya en nosotros en la medida en que se lo permitamos.

## El efecto que tiene en la familia

Mientras Javier ve cómo se desarrolla aquel drama, él también se siente molesto. Ve que Susana emplea su energía resolviendo los problemas de los demás. Observa cómo se desvanece su energía cuando llega a la cama casi arrastrándose. Ve cómo se incomoda con las niñas. Oye hablar de su impaciencia, cada vez mayor, con sus compañeros de trabajo. En los últimos años, ella se ha vuelto más irascible poco a poco. En lugar de ser aquella mujer alegre y animada que una vez lo saludaba a la puerta, él muchas veces encuentra una extraña estresada y frustrada que le habla mal sin razón alguna. Susana está ayudando tanto a otras personas que su conducta le esta haciendo daño a ella, a Javier y a su familia.

Javier ha pedido a Susana que ponga freno a sus compromisos con los demás pero, hasta el momento, ella no ha querido cambiar. Parece decidida a proteger, cuidar y generalmente facultar a sus amigos, al tiempo que se queja de su agotamiento. Ella y Javier no están de acuerdo con su situación, pero él se niega a seguir escuchando sus quejas.

Amo a mi esposa. Es la persona más afable que conozco. Ayuda a todo el mundo. Tal vez yo sea un egoísta, pero quiero que mi esposa tenga un poco de energía para los niños y para mí. Veo cómo se agota completamente ayudando a otras personas con cosas que ellas deberían hacer por sí mismas. Veo que emplea su energía en personas que de verdad tienen necesidades, pero eso no excusa el hecho de que se está agotando y le queda poco para ella y su familia. Le podría dar cientos de ejemplos de maneras en que Susana ayuda a las personas necesitadas. Y al final, está de mal humor y cansada.

Puesto que Susana está de mal humor y cansada, Javier también está de mal humor y cansado. La falta de límites por parte de Susana afecta a toda la familia.

Veamos otro ejemplo de una amistad codependiente, esta vez entre dos hombres.

## Viejos amigos

José y Tomás habían sido amigos durante 20 años. Habían asistido a la secundaria juntos. Les encantaba reírse recordando los días en que José avanzaba en el campo de fútbol detrás de Tomás, el cual era un jugador fuerte y potente que aclaraba el camino. Tomás era el gigante mientras que José era bajito y delgado. Ambos habían desempeñado un papel importante en los equipos de fútbol americano y béisbol y tenían muchas historias que contar acerca de sus días gloriosos.

Su época en los equipos deportivos se había convertido en una amistad que iba ya para la tercera década. En la actualidad, ambos estaban casados y tenían hijos, y habían conservado la amistad a pesar de que existían algunos problemas que no desaparecían. A medida que pasaron los años, las tensiones que habían estado latentes comenzaron a manifestarse.

Tomás y José habían seguido disfrutando algunas actividades juntos. Ambos pertenecían al mundo de los negocios. José era tasador de seguros y Tomás era contable en una compañía minorista. Asistían juntos a las reuniones del Club de los Rotarios. Además se reunían todos los otoños para ir a cazar los fines de semana. Habían jugado bolos en el mismo equipo durante los últimos diez años. José disfrutaba la amistad a veces. Otras veces, algunas cosas le causaban tensión.

Tomás hablaba con mucho entusiasmo de su amistad, pero José se preguntaba en silencio si valía la pena conservarla. Él no se sentía ni remotamente tan cómodo con Tomás como Tomás se sentía con él. ¿Por qué? Escuchemos una conversación que José sostuvo con Dina, su esposa.

"¿Por qué no quieres que venga Tomás? —preguntó Dina—. Creía que era tu mejor amigo".

"Bueno, podría parecer que somos los mejores amigos si oyes a Tomás hablar de la amistad. Pero tiene dos caras. Dice cosas maravillosas delante de mí pero luego me entero de que a mis espaldas habla mal de mí. No tiene tapujos para pedirme cosas prestadas, pero cuando yo le pido algo prestado, es otra historia. Lo único que le importa es él mismo. No me parece que me estime".

"¿Te acuerdas la semana pasada? —prosiguió José—. Me llamó para ver si podía ayudar a su hija a mudarse. ¿Y qué sucedió hace dos meses cuando yo le pedí que me ayudara a instalar la puerta del garaje? Estaba ocupado con otras cosas, lo cual siempre es el caso".

"Y ¿le has dicho cómo te sientes?"

"Lo he intentado, pero él siempre encuentra una explicación. Dice que me invento cosas. Niega que hable de mí a mis espaldas. Dice que tengo envidia de su éxito y que siempre le he tenido envidia. En realidad, probablemente haya algo de cierto en eso. Sin embargo, ese no es el problema. Tomás no asume la responsabilidad de sus actos. Por tanto, no me queda otro remedio que alejarme".

"No me gustaría ver que dejaran una amistad que ha durado todos estos años —dijo Dina—. Sé que ustedes se divierten mucho cuando están juntos. ¿No puedes pasar las cosas por alto?"

"He pasado las cosas por alto durante años. No puedo hacerlo más. No quiero verlo durante un tiempo".

¿Ha hecho José todo lo posible para lidiar eficazmente con el problema? Eso no está claro. ¿Debería su esposa insistir en que él pase por alto las pequeñas molestias? Probablemente no. José ya no se siente cómodo con eso.

Si miramos las cosas más de cerca vemos síntomas de una amistad destinada al fracaso a menos que ambos hombres cambien algunas cosas. Desde la perspectiva de José, él siente que da más de lo que recibe a cambio. Siente que Tomás lo da por sentado. Cuando José pide las cualidades recíprocas que se esperan en una amistad, Tomás no las ofrece. Tomás aparentemente está traicionando la confianza de José. El resentimiento de José ha crecido poco a poco y ya no lo aguanta.

En este ejemplo de amistad masculina vemos que José ha pasado años complaciendo a Tomás a pesar de que le hacía daño. Hacía cosas aun cuando en realidad no quería hacerlas. Enterraba su dolor y frustración y ahora, después de muchos años, la amistad corría peligro. Esa es otra forma en que agradar a los demás en exceso puede hacer estragos más adelante.

## Amistades codependientes

Las amistades codependientes son muy distintas a las amistades saludables. Sin embargo, la línea entre una amistad saludable y una codependiente es a veces borrosa. Las amistades perfectas no existen. De hecho, todas las amistades tienen algunas cualidades codependientes. A medida que avance en la lectura de este libro notará algunas cosas que puede cambiar para que su amistad sea más sana.

Cuando reflexione en las historias presentadas en este capítulo, tal vez vea algunos patrones. Las amistades codependientes tienen cualidades singulares y uno puede convertirse en un experto en notarlas. Esto le permitirá eliminar esas tendencias de su vida y crear amistades más sanas y más dinámicas. Cuando usted responde de una manera más sana, sus relaciones son más saludables y puede estar mejor equipado para ayudar de verdad a los demás.

Entonces, ¿cuáles son las características de la amistad codependiente?

En primer lugar, *las amistades codependientes carecen de límites saludables.* Una mirada de cerca a las amistades que hemos tratado antes ilustra una o más de las partes transigiendo cuando en realidad no quieren hacerlo. Regalan un tiempo que no se pueden permitir el lujo de regalar. Regalan posesiones cuando no quieren hacerlo. La verdad es que desean decir no, pero parece que no pueden hacerlo. Poco a poco, eso se va acumulando y las personas violan sus propios límites.

Ya hemos visto que los límites que no están bien definidos pueden producir una *maraña*. Una persona está demasiado metida en los detalles de la vida de otra persona. Eso puede significar ser el cuidador de alguien, querer saber más de lo necesario o útil o tratar de usar a otra persona para que nos haga sentir mejor.

En segundo lugar, *esa falta de límites crea resentimiento*. Eso parece ser un fenómeno universal. Cuando actuamos en contra de nuestras mejores intenciones, no nos sentimos bien al respecto. Cuando damos de nuestra carencia, y no de nuestra abundancia, nos sentimos cansados e irascibles. Nos sentimos molestos y culpamos a los demás de nuestros malos sentimientos.

Cuando escucho a las personas quejarse de alguien, siempre escucho con atención para ver si en realidad son víctimas o, como sucede en la mayoría de los casos, si se han traicionado a sí mismas de alguna manera. Cuando Susana se sienta y escucha a Jimena mientras su familia espera, Susana no es la víctima. Está dando de su tiempo libremente, aunque se siente culpable y resentida.

En tercer lugar, *las amistades codependientes suelen producirse cuando nos relacionamos con personas que tienen muchos rasgos problemáticos*. Voy a mencionar unos pocos:

- Tienen problemas con las adicciones a las drogas o al alcohol.

- Son egocéntricos y respetan poco los límites.

- Son infelices y no pueden crear una vida sana y feliz por sí solos.

- Tienen necesidades excesivas y dependen demasiado de los demás.

- Son ingratos; por mucho que uno haga por ellos, nunca es suficiente.

- Tienen resentimiento y culpan a los demás de sus problemas.

- Tienen problema con la autoridad.

- Son controladores.

Dice un refrán: "Dime con quién andas y te diré quién eres". Una variación de ese refrán dice así: "Dime lo saludable que es la persona con quien andas y te diré lo saludable que eres tú".

En cuarto lugar, *las amistades codependientes crean una situación en la que una o más personas hacen un esfuerzo sobrehumano por complacer a otra.* A veces, una persona es sumamente responsable mientras que la otra es irresponsable. En otras relaciones, ambos trabajan de más para agradarse mutuamente. Eso crea una amistad delicada en la que una o más personas no asumen la responsabilidad de su vida. Ninguna está creciendo conforme a sus capacidades.

En quinto lugar, *las amistades codependientes se nutren a menudo de problemas.* Cuando uno se aleja un poco y observa las amistades codependientes ve que les falta vigor y gozo. La relación se nutre de problemas. Cuando algunas personas experimentan demasiado gozo, se inventan un problema grande para acabar con él. La felicidad es una amenaza para la gente que prospera en medio de los problemas.

En sexto lugar, *las relaciones codependientes cuentan a menudo con un salvador y una víctima.* Alguien siempre necesita atención y ayuda adicionales y alguien siempre está dispuesto a acudir al rescate.

Al principio de este libro hablé de algunas de las características de la codependencia. Una de las principales es querer ser el cuidador de alguien. Los codependientes se hacen indispensables. Anne Wilson Schaef, en su libro titulado *Co-Dependence: Misunderstood— Mistreated* [La codependencia: Malentendido y maltratado], señala:

> Los codependientes realmente dudan de que alguien de verdad quiera estar cerca de ellos por su valor intrínseco, por lo que tienen que volverse indispensables. Una forma de hacerlo es "siendo el cuidador de alguien", que quiere decir hacer cosas por los demás que ellos pueden y necesitan hacer por sí mismos.[1]

## Manipulación para lograr una posición

Imagine la escena. Un grupo de jóvenes ásperos, varones de verdad con su nivel de testosterona por las nubes, viajaban con el hombre más poderoso de la tierra. No tenían ni idea del alcance pleno de su poder, pero sabían que formaban parte de la historia que se estaba escribiendo. ¡Muy significativo! Apenas se les puede culpar porque parte de ese poder se les fuera a la cabeza. Jesús tenía el poder y la influencia para atraer las miradas de la gente. Sospecho que los discípulos a veces se daban un poco de aire.

Esa clase de poder e influencia puede ser un caldo de cultivo para muchos aspectos de la codependencia, como fue el caso de Jesús y su banda de amigos ásperos y torpes. No sabemos con exactitud qué sucedió con este grupo tan cerrado, pero me imagino que tenía mucha de la dinámica que encontramos en cualquier grupo de amigos: adoptar una postura de poder, malhumorarse cuando las cosas no se hacían a su manera, murmurar, tratar de impresionar al líder. La codependencia adopta muchas formas. Existía en las personas a las que Jesús ministraba. Si echamos un vistazo a la vida de sus discípulos vemos cierto nivel de disfunción.

Marcos 10:35-45 nos da una idea de la manera de pensar inmadura y manipuladora de sus discípulos. Jacobo y Juan fueron a ver a Jesús en secreto, sin que los demás discípulos lo supieran, y le hicieron una solicitud absurda de un puesto privilegiado por encima de los demás.

> Maestro, querríamos que nos hagas lo que pidiéremos. Él les dijo: ¿Qué queréis que os haga? Ellos le dijeron: Concédenos que en tu gloria nos sentemos el uno a tu derecha, y el otro a tu izquierda.

Nos enteramos de que cuando los demás escucharon su solicitud de posiciones de superioridad, se indignaron. Jesús tuvo que sentarlos a todos y darles una lección de servidumbre. ¿No cree que eso se parezca a los niños de una familia o los empleados hablando con el jefe?

¿Que tiene ese evento de disfuncional? Varias cosas. Vemos a dos hermanos que van a ver a Jesús en secreto. Ellos sabían que estaban haciendo algo malo. Trataron de manipular su camino a una posición privilegiada para ganar el favor. Quisieron usar su amistad cercana con Jesús para obtener privilegios adicionales que los colocaran por encima del resto del grupo. Su ardid salió a la luz y tanto sus compañeros como Jesús los regañaron apropiadamente.

## Efectos de las amistades codependientes

Sospecho que cuando usted lea este libro y aprenda acerca de algunos de los rasgos de la amistad codependiente encontrará rasgos que se aplican a usted. Es posible que también decida que todas las personas a quienes usted conoce son codependientes. Hasta cierto punto, eso es verdad. Sin embargo, miremos más de cerca el resultado de tener amistades codependientes.

Tal vez lo más importante que haya que decir acerca de las amistades codependientes es que *son disfuncionales*. Dicho sencillamente, no funcionan de una manera saludable. Un auto disfuncional puede andar, un empleo disfuncional puede pagar las cuentas y una amistad disfuncional puede ofrecer algunas cosas positivas. Pero el costo de nuestra participación es mayor de lo que pensamos. Muchos de nosotros no queremos mirar de cerca el costo. Preferiríamos negar que el problema existe antes que afrontar los cambios amedrentadores que producen las soluciones.

Veamos de nuevo la vida de Susana. Su amistad con Jimena es disfuncional. Su esposo se da cuenta, tal vez mejor que la misma Susana, que estar siempre disponible como la heroína de los problemas de Jimena no beneficia en nada a Jimena. Tampoco da satisfacción a Susana. Todo el mundo pierde.

Otro efecto de la amistad disfuncional y codependiente es que *no funciona eficazmente ni indefinidamente*. En algún momento el sistema se quiebra. Podemos ver que las excesivas necesidades de Jimena estaban comenzando a desgastar a Susana. Estaban comenzando a afectar a Javier. El desgaste que tenía lugar en su matrimonio haría estragos en algún momento porque el sistema disfuncional siempre se quiebra con el tiempo.

Otro efecto de la amistad codependiente es que *no alienta a la persona a crecer*. En vez de que cada miembro del sistema se vuelva más fuerte y más sano, la autoestima se desvanece. Los salvadores nunca se sienten mejor de verdad, los héroes nunca sienten de verdad que han vencido al final del día, los mártires nunca se sienten verdaderamente orgullosos de su situación, las víctimas siempre se sienten peor por estar atascadas en el apuro, los transigentes siempre se sienten mal por violar sus propios límites. En lugar de un sistema saludable que fomenta y refuerza el crecimiento, la amistad disfuncional y codependiente es una espiral descendente destinada a la frustración y la depresión.

Por último, *la amistad codependiente no ayuda a las personas a lidiar con los sentimientos de una manera eficaz.* Esas amistades incluyen mucha negación. Los amigos tienden a enmascarar sus sentimientos, a expresarlos de maneras pasivo-agresivas o a negar que tengan sentimientos siquiera. En este tipo de amistad, los sentimientos se distorsionan, se congelan, se reprimen o se evitan por considerarlos peligrosos. Este proceso no alienta a las personas a expresar sus sentimientos de una manera saludable y directamente unos a otros.

La mayoría de la gente que viene a mi consultorio en busca de consejería tiene algún tipo de problema con la codependencia. Muchas veces se trata de relaciones con amigos y compañeros de trabajo. Cuando nuestras relaciones primordiales no marchan bien, no podemos estar bien.

La mayoría de los clientes pueden encontrar en su vida varios problemas subyacentes, a menudo ocultos, que se derivan de amistades codependientes:

- Sentirse abandonados, necesitan actuar para conseguir captar la atención

- Sentirse heridos y perdidos, necesitan hacer más para tener aceptación

- No sentirse apreciados

- Sentir que no merecen la felicidad en una relación

- Sentir que no merecen amor

Por desgracia, cambiar esas creencias y patrones puede ser difícil. Los doctores Hemfelt, Minirth y Meier, autores del libro titulado *Love Is a Choice* [El amor es una decisión], dicen:

Las relaciones y los acontecimientos dolorosos que suceden temprano en la vida se repiten y se convierten en profecías que se cumplen solas. Ese radar es similar a un sistema de rastreo en un avión comercial: envía una señal y recibe una señal. Las personas codependientes atraen a la gente y son atraídos por la gente que encaja en los mismos patrones negativos de codependencia.[2]

## El trabajo codependiente

No debería sorprendernos que aquellos que tienen problemas para establecer límites saludables en su vida personal también los tengan en la vida laboral. Después de todo, el trabajo consiste en numerosas relaciones con la gente. Toda reunión de personas tendrá desafíos. Considere algo de la dinámica que constituye dificultades en el trabajo. La gente...

- trae sus problemas al trabajo

- se mete en los asuntos de los demás

- no puede comunicarse eficazmente

- chismorrea acerca de otras personas

- expresa sus frustraciones de una forma pasivo-agresiva

- actúa de forma inmadura

- es exigente y egocéntrica

Considerando esta dinámica, puede que nos preguntemos cómo es que las empresas funcionan eficazmente. En realidad, las empresas a veces implosionan emocionalmente debido al factor humano.

Carmen vino a verme primordialmente por problemas en el trabajo. Me dijo que había estado entusiasmada con la idea de aceptar un empleo de cajera en un banco local. Era un empleo para principiantes pero ella siempre había querido trabajar en una institución financiera. Le dijeron que podía esperar ascensos, que el ambiente de trabajo era alegre y que los demás empleados parecían disfrutar su trabajo.

Los dos primeros meses fueron buenos. Carmen recibió capacitación para el trabajo y le gustaba relacionarse con sus clientes.

Llegó a conocer a muchos de ellos por su nombre de pila. Recibió un aumento a los 90 días y se sintió satisfecha con la paga y los beneficios. Sin embargo, poco a poco llegó a disgustarse con otros aspectos del trabajo.

"¿Qué la molesta de su trabajo?" —pregunté.

"En realidad me están empezando a caer mal algunos de los empleados. Siempre me han querido adonde trabajo, pero aquí, algunos de los empleados parecen estar empeñados en fastidiarme".

"¿Qué le hace decir eso, Carmen?"

"Bueno, yo sé hacer mi trabajo. Sin embargo, todos los días una de las empleadas hace un comentario sarcástico acerca de cómo hago las cosas. Parece que no puede dejar pasar un día sin corregirme. En realidad, son dos de las principales mujeres. Y es la forma en que lo hacen. No es amable ni directo. Es sarcástico y me enoja mucho".

"Y, ¿qué ha hecho usted al respecto?"

"Les he pedido que por favor me hablen sin sarcasmo, pero no ha servido de nada. Son muy inmaduras. Creo que de alguna forma se sienten amenazadas por mí pero nadie me lo dice en mi cara. Si eso no para pronto, voy a tener que renunciar".

"Eso sería difícil. Usted deseaba mucho trabajar en un banco como ese".

"Así es, pero no necesito que me recuerden constantemente lo que hago mal. Y no necesito que me corrijan con sarcasmo. No necesito las humillaciones sutiles".

"¿Hay otros aspectos de su trabajo que la estén molestando?"

"Sí. Olga, la jefa de las cajeras, insiste en supervisar de una forma minuciosa. Incluso después de que he demostrado que sé hacer algo, me dice exactamente cómo se supone que se haga. Es como si tuviera que meter la mano en todo lo que hago".

"Y, ¿ha hablado con ella?"

"No. Esa señora me da miedo. Era muy amigable cuando me contrató pero he visto que tiene otra cara. Es una mujer desdichada. Nunca dice nada bueno de mi trabajo. Si no me critica sé que las cosas están bien. Pero yo necesito trabajar en un ambiente adonde me den respaldo".

"¿Cómo manejan los demás su supervisión minuciosa?"

"Sé que no están contentos con eso. Cuanto más tiempo paso en el empleo más oigo hablar de ella. Después de todo, somos profesionales. Ella no nos contrató para estar vigilándonos todo el día".

Carmen tenía un verdadero dilema. Aquel era un empleo nuevo para ella y no quería dejarlo después de estar trabajando solo tres meses. Además, se preguntaba si en realidad había hecho todo lo posible para cambiar la atmósfera laboral. Los dos nos preguntábamos si ella se había mostrado lo más confiada posible con ellos. ¿Había establecido límites saludables?

## El trabajo como familia

Pasamos más de la mitad de nuestra vida en el trabajo, por lo que cuando las cosas van bien, a menudo nos sentimos contentos. Por otro lado, cuando el trabajo no anda bien, solemos estar perturbados. A pesar de que Sigmund Freud estaba evidentemente equivocado en muchos aspectos, estaba en lo cierto cuando dijo que gran parte de nuestra felicidad tiene que ver con "amor y trabajo". Puesto que el trabajo es central en nuestra vida, nuestras relaciones allí necesitan ir bien para nosotros ser felices.

En muchos sentidos, nuestro trabajo y nuestros compañeros de trabajo se convierten en una segunda familia. Empleamos una enorme cantidad de tiempo en el trabajo y muchas veces creamos relaciones duraderas con las personas que trabajan allí. Cuando miramos de cerca nuestras relaciones laborales vemos muchos de los mismos patrones representados que existen en nuestras familias y en nuestras amistades.

Los doctores Hemfelt, Minirth y Meier, en su libro titulado *Love Is a Choice* [El amor es una decisión], enumeran algunas dinámicas que existen en muchas familias y que pueden formar parte de un ambiente laboral también. Señalan:

> Los psicólogos han llegado a reconocer que hay ciertos roles o estereotipos que la gente adopta dentro de una familia. Todas las familias los desempeñan hasta cierto punto: el héroe, el chivo expiatorio, la mascota, el niño perdido y el que faculta. Para las personas que

pertenecen a una familia disfuncional, esos roles se convierten en un mecanismo para lidiar, una forma de ir por la vida con un mínimo de incomodidad. Se vuelven patrones rígidos e insensatos de conducta fácilmente visibles para los que están fuera de la familia, pero los que están dentro no los reconocen.[3]

Veamos brevemente esas cinco estrategias para lidiar, las cuales son esencialmente formas de limitar el dolor de vivir en una familia o trabajar en un ambiente disfuncional y codependiente.

*El héroe.* Casi todos los trabajos tienen un héroe. Es el que siempre hace todo bien y el jefe lo considera el trabajador perfecto. El héroe raras veces causa problemas, siempre da el 100% y suele ser un perfeccionista.

*El chivo expiatorio.* En casi toda familia o lugar de trabajo, hay una persona que a menudo recibe la culpa. Tanto si esa persona es verdaderamente culpable o no, invariablemente lleva el peso de la carga. A veces, el chivo expiatorio designado acepta representar el papel. Por tanto, el chivo expiatorio recibe atención negativa por conducta rebelde.

*La mascota.* La mascota recibe atención porque la arrebata. A veces la describen como el payaso. La mascota a menudo diluye la negatividad en el grupo contando chistes. Su trabajo es distraer a todo el mundo para que no piensen en los problemas perturbadores.

*El niño perdido.* Desgraciadamente, a estas personas por lo general nadie las nota. Prefieren estar solas y escapar del dolor del grupo ocupándose en otra parte. En el trabajo, uno los puede encontrar agazapados en su cubículo evitando el conflicto que los rodea. Por supuesto, mientras evitan el dolor, también se pierden el placer de los éxitos y las relaciones del grupo.

*El que faculta.* Los doctores Hemfelt, Minirth y Meier señalan que el papel del que faculta se representa en cada uno de los demás roles. Dicen que el que faculta "está detrás de cada uno de los roles a un nivel más profundo".[4] El que faculta puede funcionar como:

- El pacificador, siempre tratando de mejorar las cosas en la familia

- El mártir, hace lo que sea para que las cosas funcionen en la familia

- El rescatador, siempre tratando de resolver los problemas de la familia

- El perseguidor, siempre culpando a alguien

- La víctima, atrapada en la autocompasión, piensa que nunca puede ser feliz

Mientras reflexiona en estos cinco roles y en las diferentes formas de facultar, trate de determinar si está atrapado en alguno de ellos. ¿Ha caído en un patrón de relacionarse como forma de lidiar con el dolor de su situación en particular? De ser así, tenga en cuenta que puede lidiar con los problemas más directamente, crear un ambiente de trabajo saludable donde pueda ser feliz y crecer.

## Reflexión

La codependencia es, después de todo, una forma de evitar el dolor. Los roles que desempeñamos y las tácticas que usamos, por lo general, están concebidos para ayudarnos a sentir mejor interiormente. Cuando los discípulos pidieron la posición favorecida estaban buscando una forma de sentirse importantes. Trataban de llenar el vacío que tenían dentro con una posición formal.

Cuando Susana se agotó ayudando a los demás, estaba tratando, en su propia forma, de sentirse importante. Cuando Tomás presumía ante su amigo José, estaba tratando indirectamente de evitar el dolor y de sentirse importante. Pero esos esfuerzos nunca dan los resultados esperados.

¿Cuáles son algunas formas en que usted representa esos roles en la familia, con amigos y tal vez en el trabajo?

- el héroe

- el chivo expiatorio

- la mascota

- el niño perdido

Afortunadamente, podemos elegir formas más saludables para evitar el dolor y encontrar significado. No debemos asumir roles que ya no funcionan para nosotros, ni acudir en ayuda de los demás hasta el punto de hacernos daño. Considere algunas formas de desprenderse de esos roles usados en exceso. En el próximo capítulo, veremos maneras saludables de encontrar significado en las relaciones con nuestros amigos y con nuestros compañeros de trabajo.

# Capítulo ocho

# Cómo crear amistades y relaciones laborales saludables

*La amistad mejora la felicidad y mitiga la tristeza porque duplica nuestro gozo y divide nuestra aflicción.*

Marco Tulio Cicerón

La nieve caía ligeramente aquella mañana de diciembre y creaba un manto blanco sobre el suelo congelado. Mi parabrisas tenía una capa de hielo y encima un polvo suave. Iba a necesitar un raspador para limpiar los vidrios lo suficiente como para poder conducir. Una brisa suave hacía que la temperatura se sintiera en casi cinco grados centígrados bajo cero, lo cual es frío para Washington.

Yo estaba empezando a dudar si debía salir de casa y consideré seriamente tirarme las mantas por encima de la cabeza y dejar que la mañana pasara tranquilamente. Ese día no vería clientes y la tentación de meterme de nuevo en la seguridad y el calor de mi casa era abrumadora.

Miré hacia arriba y vi las pesadas nubes grises y supe que nevaría más. Mi ambivalencia aumentaba con cada aliento vaporoso. La opción de quedarme en casa, ya fuera en cama o acurrucado junto al fuego de la chimenea, o salir a encontrarme con amigos, era una decisión difícil. Me armé de valor y decidí hacer frente al clima y a las calles heladas. Mi destino aquella mañana era un grupo de hombres de diferentes antecedentes, etnias y condiciones sociales. Éramos un grupo disímil. Solamente la necesidad podía apremiarnos a reunirnos cuando había tantas otras cosas que exigían nuestra atención.

Aquellos hombres son amigos, pero son mucho más. Cuando las mujeres hablan de un "círculo de amigas", me imagino algo mucho mayor que un grupo de personas que se reúne a reír y llorar. Me imagino una reunión de espíritus, una confianza que surge cuando las almas se unen. Eso es lo que yo comparto con aquellos hombres. Por ellos, dejo atrás mi manta de plumones y mi fuego abrasador. No estoy obligado a reunirme con esos hombres. Deseo estar con ellos.

¿Qué hemos creado en aquella dispersa habitación del edificio de una iglesia? No tenemos sofá ni chimenea para crear un ambiente agradable. Solamente tenemos unas cuantas sillas y un escritorio. La iluminación es pobre y las ventanas son simples. Lo que llena la habitación no son cosas, sino el Espíritu de Dios y hombres. Juntos hemos sido favorecidos para crear algo maravilloso.

Cuando formamos el grupo sabíamos que estábamos probando algo que probablemente iba a fracasar. Piénselo. ¿Un grupo de hombres decididos a reunirse y a compartir sus necesidades confidencialmente? ¡Ridículo! Los hombres no hacen eso. No duraríamos más de ocho semanas. Sin embargo, seis años después estábamos allí, haciendo caso omiso del mal clima en una fría mañana de invierno para acompañarnos mutuamente y conversar. La mayoría de los hombres son los mismos que asistieron a nuestra primera reunión.

Con el paso de los años hemos compartido muchos detalles grandes y pequeños de nuestra vida. Ellos saben que yo llevo a cada uno de mis hijos a pescar en Alaska con mi padre. Saben que hubiera deseado seguir en clases de piano y que temo la confrontación. Yo sé que dos de ellos han sido infieles y que otro lucha con el alcohol. Esas son intimidades que nos unen.

Mientras seguía las huellas en la nieve de otro viajero una mañana temprano, me preguntaba cómo es que todavía nos parecía valioso reunirnos, unas 300 reuniones después de nuestra primera cita. ¿Qué cualidades nutrían al grupo? Tal vez son las mismas cualidades que conservan cualquier amistad o que mantienen unidos a cualquier grupo de empleados. Examinemos lo que constituye amistades saludables y qué las sostiene.

## Cualidades de una amistad saludable

Si pienso en mi grupo y en los ingredientes que lo hacen exitoso, me siento confiado en que esas mismas cualidades son las que hacen que otras relaciones también tengan éxito.

### Confidencialidad

En nuestra primera reunión de grupo hicimos un pacto. Era una regla básica esencial, un acuerdo formal que por lo general forma parte informal de otras amistades. Mantendríamos la confidencialidad de nuestros asuntos. Lo que se dijera en el grupo quedaría en el grupo.

Hemos experimentado el poder sanador de poder decir lo que queramos y saber que se mantendrá en secreto. Eso es lo que me encanta del grupo y lo que disfruto cuando escribo en mi diario. Es lo que me parece esencial en toda amistad también. Lo que yo digo no se puede interpretar mal ni usarse en mi contra. Independientemente de lo que yo diga en susurro los viernes por la mañana, mis amigos no chismorrean sobre mí.

### Propósito

Nuestro grupo formalizó nuestra reunión afirmando que estábamos allí para dar apoyo. Hicimos hincapié en que nuestro trabajo no era conversar sobre deportes. Las conversaciones triviales se quedarían para otra ocasión. Aquel tiempo y lugar estaban reservados para compartir nuestras preocupaciones.

Las amistades se pueden organizar de la misma forma. Los grupos de mujeres a menudo aclaran que su amistad es especial, tal vez incluso sagrada. Dicen que se reúnen con un propósito y se recuerdan mutuamente que compartir sus preocupaciones de una manera confidencial y con propósito no es algo que se toman a la ligera.

### Escuchar

Tal vez la necesidad más profunda de la psique humana sea que la escuchen y la comprendan. Los psicólogos usan mucho de la hora terapéutica para escuchar a sus pacientes. Que le escuchen a uno es sanador. Todos anhelamos a alguien que se interese activamente en nuestra vida y que nos haga preguntas para poder compartir nuestra emoción acerca de lo que conmueve a nuestra alma. Escuchar activamente está presente no solo en el grupo de hombres, sino también en mis otras amistades. Cuando la gente escucha, sentimos que lo que estamos diciendo es significativo y que somos importantes.

Los psicólogos reciben sus buenos regaños por vender "un oído que escucha". Sin embargo, un oído que escucha es un elemento de mucho valor. No se da fácilmente ni se obtiene fácilmente. Cuando Dan Rather entrevistó a la Madre Teresa, le preguntó qué le decía a Dios cuando oraba.

"Nada —contestó ella—. Solamente escucho".

No contento con dejarlo ahí, Rather le preguntó: "Entonces, ¿qué le dice Dios a usted?"

"Nada —dijo ella—. Él solamente me escucha".

### Sin juzgar

Necesitamos un lugar donde poder derramar las preguntas que nos dan vueltas en la cabeza sin ser juzgados. Cada uno de nosotros necesita un lugar en el que pueda compartir sus temores sin que lo critiquen. Nadie nos ayuda cuando dice: "No tienes que sentirte así". Claro que no tenemos que sentirnos así, pero el hecho es que nos sentimos así. No necesitamos que los demás nos hagan sentir avergonzados por la manera en que pensamos o nos comportamos. En la mayoría de los casos, ya hemos hecho un trabajo bastante cabal de denigrarnos a nosotros mismos. Necesitamos un lugar de aceptación donde podamos expresar nuestros pensamientos sin el temor a sermones sobre lo que está bien y mal.

Tal vez se resista a ello. Tal vez piense que necesitamos que nos digan que lo que hacemos está mal. Yo no estoy de acuerdo. Sugiero que los juicios se reserven para aquellos a quienes se les invita a ofrecer una crítica constructiva. Incluso si se solicita que se emita un juicio, creo que debe ofrecerse escasamente. El consejo de Jesús es: "Porque con el juicio con que juzgáis, seréis juzgados, y con la medida con que medís, os será medido" (Mt. 7:2).

## Un ambiente seguro

Una amistad que contribuye al crecimiento ofrece un lugar en el que las personas pueden explorar sus problemas. Pueden pensar en voz alta, sabiendo que sus pensamientos no van a ser juzgados. Esa es una experiencia increíblemente liberadora, sobre todo si consideramos cuántas veces podemos temer el juicio, la vergüenza o el ridículo. Cuando encontramos una amistad que se percibe segura, encontramos algo muy valioso.

Ese ambiente seguro es un lugar donde podemos expresar nuestros puntos de vista y probar diferentes aspectos de nuestra personalidad. Todos nosotros nos preguntamos a veces cómo sería probar algo nuevo. "¿Qué pasaría si vendo el negocio y regreso a la escuela de arte?" "¿Qué pasaría si llevara a mi hijo a esa aventura al aire libre?" "¿Y si tomara esa clase de composición con la que siempre he soñado?" Es posible que nos dé miedo actuar, pero queremos "probar" esas ideas. Eso exige un ambiente seguro.

## Dar pocos consejos

Nuestro grupo acordó también dar pocos consejos. Esa decisión fue resultado de estudios de otros grupos que han descubierto que ofrecer consejo por lo general es malo. Dar respuestas simples a problemas complejos es demasiado fácil. Uno o más miembros de un grupo o las amistades pueden verse tentados a dogmatizar sobre un tema. Nadie quiere escuchar a nadie sermonear elocuentemente sobre las lecciones de la vida.

Debo admitir que se me ponen los pelos de punta cuando escucho a los terapeutas de los shows televisivos ofrecer soluciones como si fueran dulces. Parece como si dijeran: "Aquí tienes, toma un poco de esto y te sentirás mejor". Nosotros tomamos sus perogrulladas, como por ejemplo "Sigue adelante con tu vida y no te lamentes por una relación rota", y tratamos de que funcionen. El consejo suena muy sencillo. Pero tan pronto colgamos el teléfono o apagamos la televisión nos damos cuenta de que su consejo se parece a un dulce, al dulce de algodón. Desaparece tan pronto toca la lengua. No es real; es solamente un mal consejo dado con mucha rapidez con el fin de entretener, no de sanar.

### Experiencia compartida

El plan de los doce pasos de Alcohólicos Anónimos dice que sus miembros se reúnen "para compartir nuestra experiencia, fortaleza y esperanza". Esa no es una mala razón para reunirse. Me parece que esas son muy buenas razones para que los amigos se reúnan.

Mientras conducía por la nieve aquella fría mañana de diciembre, estaba ansioso por reunirme con aquellos que habían compartido mis experiencias. No quiero decir que cada uno de ellos había experimentado lo que yo había vivido ni viceversa, sino que, al compartir nuestras historias, compartíamos nuestras historias personales.

Compartimos nuestra historia con una cantidad limitada de personas. Solo unos cuantos conocen las agonías que usted ha sufrido o las montañas que ha escalado. El abigarrado cuadro que comprende la historia de su vida se ha contado solo unas cuantas veces. Esa es la experiencia compartida que tiene tanto poder para sostener, proteger y nutrir nuestra alma.

### Humor

Podemos soportar casi todo si tenemos amigos que nos respalden y, tal vez igual de importante, si encontramos el lado cómico de la situación. Si nos alejamos un poco y ponemos las cosas en perspectiva, el humor compartido con nuestros amigos hace que nuestros problemas sean mucho más tolerables.

Los buenos amigos no se toman a sí mismos, ni nuestros problemas diarios, demasiado en serio. Pueden bromear con nosotros para que veamos el lado bueno de una situación al tiempo que nos permiten amplio espacio para afligirnos y sentir nuestra pérdida.

### Aliento, no guardería

Tal como ha estado aprendiendo en este libro, debemos hacer un acto de equilibrio cuando nos preocupamos por los demás. La amistad saludable puede sentir empatía por las luchas de la otra persona pero no enredarse demasiado en ellas. Usted no va a recibir ayuda significativa de aquellos que se enredan en sus dificultades.

Cuando la Dra. Jan Yager, autora del libro *When Friendship Hurts* [Cuando la amistad duele], habla de este tema, dice que el amigo ideal tiene

> límites claros y apropiados entre "yo" y "tú"... El respeto a los sentimientos, las experiencias, las posesiones y las relaciones lo ayudaron a él [al amigo ideal] a desarrollar la habilidad de estar presente para su amigo pero no demasiado metido en la vida o decisiones de sus amigos ni en otras relaciones.[1]

### Retos

Los amigos ideales y saludables saben cuándo necesitamos aliento y cuándo necesitamos uno que otro estímulo. Saben que no nos pueden decir qué hacer y no se atreven a juzgar nuestras acciones, independientemente de lo inmaduros que puedan parecer a veces. Pero encuentran formas de darnos estímulo. Perciben cuándo estamos pidiendo que nos lleven más allá de nuestro nivel de comodidad pero no nos obligan a avanzar más rápido de lo que lo hacemos en el presente.

La línea de separación entre aliento y estímulo es borrosa, pero yo veo esos términos como cálidos e incitantes, no duros y distantes. Mientras considera las formas en las que puede ser un buen amigo y mientras busca amigos seguros y saludables, reconocerá la diferencia entre forzar y alentar.

## Lo mejor que podemos ser

Las amistades nos ofrecen un lugar para que seamos lo mejor que podemos ser. De hecho, no hay un mejor lugar para convertirnos en las personas que estamos tratando de ser que en las amistades profundas y permanentes. Carol Gilligan, renombrada investigadora del desarrollo de la mujer, dijo: "Nos conocemos a nosotros mismos como entidades separadas en tanto que vivamos vinculados a los demás, y... experimentamos una relación solo en la medida en que diferenciemos a los demás de nuestro yo".

En su libro titulado *Connecting: The Enduring Power of Female Friendship* [Conexión: El poder duradero de la amistad entre mujeres], Sandy Sheehy habla de la influencia de las amistades femeninas.

Las amistades íntimas con mujeres inteligentes sacaron a Eleanor Roosevelt de su escondite y le dieron la sabiduría y la confianza en sí misma para llegar a ser tal vez la Primera Dama más eficaz de la historia... Al principio, Eleanor estaba asombrada con las carreras de sus amigas, pero al poco tiempo ellas le ayudaron a reconocer su propia capacidad de discernimiento, juicio y habilidades organizativas.[2]

Todos participamos en el proceso de llegar a ser lo mejor que podamos ser. Los hombres disfrutamos las relaciones, pero a menudo somos renuentes a conectar con otros hombres. Eso lo hacemos por lo general en el contexto de las actividades físicas como el golf o el baloncesto. Eso es lo que hace que el grupo de hombres al que pertenezco sea tan singular. Nos reunimos con el único propósito de conocer a otros hombres y conectarnos con ellos.

Por otro lado, las mujeres parecen gozar de la teoría de la conexión. Las relaciones adoptan una posición central en su vida. Tal como dijera Sheehy: "Nos deleitamos en ellas, nos preocupamos por ellas y centramos nuestra energía creativa e intelectual en ellas. Incluso si no participamos, forman un tema favorito de conversación, de libros y de películas".

Aunque es importante relacionarse con otras mujeres, ella identifica los peligros que he descrito en este libro. "Una amistad que exige que una persona altere sus experiencias o moldee de nuevo su personalidad para satisfacer las necesidades de los demás inhibe y distorsiona el desarrollo".[3]

## Jonatán y David

Tal vez la amistad más célebre y conmovedora de las Escrituras sea la de Jonatán y David. Se hicieron los mejores amigos en medio de la tragedia. David era general del ejército del rey Saúl. Después de demostrar su proeza militar, David avanzó en las filas. Luego se casó con la hija de Saúl y se convirtió en el mejor amigo de Jonatán, el hijo mayor de Saúl.

En muchas formas, la amistad era disímil. Jonatán era, después de todo, el hijo del rey de Israel, el cual iba a ser dentro de poco el adversario de David. Saúl percibió que David era una amenaza, y Jonatán se vio en la precaria posición de escoger lealtades. La situación tenía todas las características de un triángulo dramático.

Sin embargo, cuando leemos de su amistad vemos que David y Jonatán tenían varias cualidades necesarias para cultivar una amistad duradera y saludable. A pesar del hecho de que Saúl escogió personalmente a David para que fuera general de su ejército, Saúl pronto se dio cuenta de que David sería una amenaza para su reino. Jonatán opta por permanecer leal a David, así como David había permanecido leal a Saúl.

Varias cualidades fortalecían la amistad que David y Jonatán disfrutaban. En 1 Samuel 20 notamos que *incluso en medio de la guerra y la tragedia*, su amistad contenía los siguientes rasgos:

- Honestidad

- Lealtad

- Apoyo emocional

- Amor abnegado

La lealtad de Jonatán hacia David continuó a pesar de los esfuerzos de su padre de matar a David. Cuando Jonatán advirtió a David sobre las intenciones de Saúl, leemos de su encuentro emocional.

> Y luego que el muchacho se hubo ido, se levantó David del lado del sur, y se inclinó tres veces postrándose hasta la tierra; y besándose el uno al otro, lloraron el uno con el otro; y David lloró más. Y Jonatán dijo a David: Vete en paz, porque ambos hemos jurado por el nombre de Jehová, diciendo: Jehová esté entre tú y yo, entre tu descendencia y mi descendencia, para siempre... (1 S. 20:41-42).

¡Qué imagen tan maravillosa de una amistad profunda y amor filial! No es probable ver a dos hombres actuar de esa manera hoy día, pero podemos inspirarnos en ese modelo bíblico de dos hombres que se atrevieron a ofrecer amistad y amor mutuo incluso cuando eso significaba arriesgarse a morir.

## Relaciones saludables en el trabajo

La amistad es esencial en nuestra vida personal, pero igualmente importantes son las relaciones en nuestra vida profesional. Puesto que pasamos tanto tiempo de nuestra vida en el trabajo, y es el lugar que potencialmente nos ofrece confianza y satisfacción, las relaciones saludables en el trabajo no son opcionales: son imperativas.

En el capítulo anterior señalé muchas de las cosas que pueden salir mal en el trabajo. Algunos de los escollos son límites deficientes, chismes y herir los sentimientos de los demás con el fin de lograr un beneficio personal. Repasemos lo que son las relaciones saludables en el trabajo.

Las relaciones laborales son similares a las amistades personales, aunque difieren de ellas en varias maneras importantes.

- Vamos al trabajo a realizar una tarea. No estamos allí para socializar, enterarnos de cosas confidenciales ni derramar nuestra alma. ¡Vamos a trabajar!

- Las relaciones laborales no deben volverse demasiado personales. Podemos socializar después del trabajo, pero la ética comercial y los protocolos de comportamiento deben prevalecer.

- Nos pagan para hacer un trabajo. Si bien es cierto que no siempre nos van a caer bien las personas con quienes trabajamos, eso no debería impedir que sigamos trabajando para esa compañía.

Dicho esto, veamos algunas de las similitudes que existen entre las amistades personales y las relaciones laborales. ¿Cuáles son algunas de las cosas que podemos esperar de nuestro trabajo y cómo podemos lograr que sea un lugar más sano?

- Debe haber límites firmes, lo cual significa que en el trabajo no debe haber un exceso de información personal. En la oficina no hay lugar para chismes.

- Cuando nos parece que no nos tratan con equidad en el trabajo, debe haber una ética laboral que permita la libre expresión de la insatisfacción. Debemos tener la oportunidad de que nos escuchen y nos comprendan y la libertad de ofrecer una crítica constructiva.

- Debemos sentirnos apreciados, alentados y respetados por lo que aportamos al trabajo. Debemos tener la oportunidad de expresar nuestra creatividad. Debemos sentir que nos están compensando justamente.

- Necesitamos un flujo libre de comunicación. Los mensajes deben ser francos, claros y directos.

- Debemos saber exactamente qué se espera de nosotros. Las expectativas no definidas crean ansiedad y causan problemas posteriormente.

- Las empresas deben fomentar valores saludables. Queremos trabajar para una empresa que de verdad se preocupe por los demás y no se aproveche injustamente de los empleados.

David Whyte, en su maravilloso libro titulado *Crossing the Unknown Sea* [Cruce del mar desconocido], habla acerca de un elemento intangible esencial que podemos tratar de lograr en el trabajo.

La prueba más severa en el trabajo hoy en día no son nuestras estrategias, sino nuestra imaginación e identidad. Para un ser humano, encontrar un buen trabajo y hacerlo es una de las mejores formas de obtener libertad.[4]

Whyte sugiere que necesitamos la oportunidad de ser bravíos, de expresar nuestras energías creativas como no lo hemos hecho nunca.

## Un mensaje de Mister Rogers

Cuando pienso en la bondad, la sencillez, la honradez y la integridad, mi lista de ejemplos es muy corta. Todos nos hemos desilusionado con personas que creíamos eran buenas; hemos descubierto sus debilidades y nos hemos decepcionado tremendamente. Tal vez el mensaje sea claro: cuidado con poner a alguien en un pedestal.

A medida que hablamos de tener límites buenos y ser buenos amigos, creo que este capítulo estaría incompleto sin algo del consejo sabio de Mister Rogers, nuestra guía en el camino a la sociabilidad. Citar a Jesús y a Mister Rogers en el mismo capítulo puede parecer extraño. Sin embargo, creo que ellos comparten muchas de las mismas cualidades positivas que conciernen a las relaciones. Siéntese un momento, sírvase una taza de té y escuche algunas de las citas del libro de Mister Rogers titulado *The World According to Mister Rogers* [El mundo según Mister Rogers].

Como seres humanos, nuestra tarea es ayudar a la gente a darse cuenta de lo singulares y valiosos que somos cada uno de nosotros, que cada uno de nosotros tiene algo que nadie más tiene o tendrá, que es singular en todos los tiempos. Es nuestra tarea exhortarnos unos a otros para descubrir esa singularidad y proporcionar formas de cultivar su expresión.

Todos nosotros, en algún momento, necesitamos ayuda. Tanto si estamos dando o recibiendo ayuda, cada uno de nosotros tiene algo valioso que brindar a este mundo. Esa es una de las cosas que nos conectan como prójimo: a nuestra manera, cada uno de nosotros es dador y receptor.

Cuando uno combina su propia intuición con la sensibilidad hacia los sentimientos y estados de ánimo de otras personas, podría estar cerca de los orígenes de valiosos atributos humanos tales como la generosidad, el altruismo, la compasión, la solidaridad y la empatía.

A pesar de que somos diferentes los unos de los otros, a pesar de que somos singulares, tenemos más similitudes que desigualdades. Ese podría ser el mensaje más esencial de todos mientras ayudamos a nuestros hijos a crecer para llegar a ser adultos solícitos, compasivos y caritativos.[5]

Todos los días tenemos la oportunidad de ser buenos con el prójimo. Mire a su alrededor y note quién necesita cordialidad en su mundo. Me imagino que no tendrá que buscar mucho.

## Cristo & Co.

Cuando examinamos el ministerio de Cristo vemos un ejemplo de una compañía saludable, así como también mucho de lo que Mister Rogers promovía en lo que respecta a la cordialidad y la amistad sencilla. No solo vemos principios de relaciones sanas en el trabajo, sino que también vemos principios sanos para el lugar de trabajo. Eso no debería sorprendernos, puesto que Cristo es nuestro ejemplo de relaciones saludables.

Cuando nos fijamos en cómo se desarrolló el ministerio de Cristo vemos varios componentes que vale la pena mencionar. Cristo compartió su visión de una manera sencilla y directa. No exigió a nadie que obedeciera sus enseñanzas. Su estilo amistoso, en combinación con su mensaje convincente, eran contagiosos. Sus discípulos y muchos otros entendieron la pasión de su misión y decidieron sumarse a su compañía y a su "empresa". Cristo compartió su misión y propósito claramente, aunque la verdad es que muchos no los entendieron de verdad. Su comunicación con sus discípulos (sus "empleados") era clara, apremiante, compasiva, convincente y coherente. "Venid, seguidme y os haré pescadores de hombres". Nunca se desvió de su rumbo. A veces su mensaje era perturbador; a veces era amoroso; otras veces era increíblemente apremiante. Su propósito era potente sobre todo porque Él tenía lo que otros deseaban. Ofreció el camino a la vida eterna y la paz perfecta en esta vida.

Ahí tenemos principios que guiarían eficazmente a cualquier empresa hoy en día. Tenemos los principios que crearían un equilibrio en las relaciones en el lugar de trabajo. Tenemos las herramientas para crear una amistad saludable y equilibrada. Cristo dio el ejemplo de los siguientes rasgos:

- respeto y dignidad para sus seguidores

- una misión compartida

- comunicación clara

- una oportunidad de ser útil y creativo

- amistad y compañía

## Reflexión

La amistad, ya sea en nuestra vida personal o en el trabajo, debe contener muchos ingredientes distintos para que tenga éxito. Muchas relaciones se pierden en una niebla de emociones, y al no tener límites claros que den dirección, pueden hacerse añicos al chocar con las rocas de los sentimientos heridos. Los peligros están por doquier. Debemos saber dónde están y tener la destreza suficiente para alejarnos de ellos.

Piense en sus relaciones y vea si usted ofrece las siguientes cualidades:

- un lugar de seguridad

- un lugar para la creatividad

- un lugar sencillamente para estar

- un lugar para ser comprendido

- un lugar para probar nuevas conductas e ideas

Espero que se sienta inspirado para proporcionar algunas de esas cualidades a los que embellecen su mundo.

# Capítulo nueve

# Iglesias controladoras

*No debemos pensar lo peor de las verdades buenas solo porque sean predicadas por malos ministros; tampoco de las leyes buenas solo porque las hagan cumplir malos magistrados.*

MATTHEW HENRY

Todo el mundo la conocía como Flor, aunque ese no era su verdadero nombre. Yo no me di cuenta de eso durante años, pero una tarde la anciana mujer me confió que su nombre de pila era Luisa. Le habían puesto ese nombre por la hermana de su madre. A ella nunca le cayó bien su tía y menos le gustaba su nombre. Cuando era joven decidió adoptar el nombre de Flor porque su mes favorito del año era mayo, cuando brotan las flores. "La primavera es una época muy especial —dijo con un guiño en los ojos—. Las flores empiezan a brotar, el aire se vuelve pesado por la fragancia de los lirios y los narcisos, y los días se vuelven más largos. No hay nada malo en el mes de mayo".

Su actitud primaveral le quedaba perfectamente al nombre de Flor. Ella era la secretaria de la iglesia en la que yo trabajaba como conserje mientras hacía mi postgrado. Por muy refunfuñón que fuera yo, Flor siempre era dulce, amable y generosa. Los demás conserjes y yo siempre podíamos contar con ella para que nos llevara galletitas a la oficina y nos halagara por algo que habíamos hecho.

Mientras yo me mantenía ocupado limpiando la iglesia, Flor siempre llevaba el ritmo. Era la persona que mantenía la iglesia funcionando sin tropiezos. Contestaba los teléfonos, clasificaba y apilaba los boletines, administraba el calendario del pastor y hacía miles de otras cosas que no se notaban. Nunca exigía mucho para sí y no recibía mucho, por lo que yo pude ver.

Me acuerdo de una vez que me sorprendí muchísimo cuando repasaba el informe anual de la iglesia y vi lo poco que ganaba. A mí me pagaban mejor y mis responsabilidades palidecían en comparación con las suyas. Me sorprendí tanto con el bajo salario de Flor que le pregunté al pastor si el informe estaba correcto. Me aseguró que así era y entonces comentó que, en la iglesia, nadie trabajaba por el dinero. Yo no confesé cuál era mi motivación primordial para trabajar allí.

Lo que me molesta hasta el día de hoy es que la iglesia parecía aprobar la situación. Tácitamente, el pastor y el consejo de la iglesia estaban satisfechos de aprovecharse de una señora mayor que apenas podía cubrir sus gastos. Ellos veían cómo ella daba de sí misma, y daba su tiempo, a la vida de la iglesia, casi como si eso fuera lo que esperaban de ella.

Muchos años después, yo también di demasiado a una iglesia. Sin embargo, mis motivaciones eran distintas de las de Flor. A diferencia de ella, que parecía dar de su compasión y genuina solicitud, yo daba por orgullo, coerción y control.

## Sentirse utilizado

No lo vi venir, aunque me habían advertido que tuviera cuidado. "Te van a usar por lo que tienes que ofrecer, y cuando ya no te necesiten, te echarán a un lado —me dijo un amigo—. He visto que ha sucedido antes. Ten cuidado".

Me sentía desconcertado en cuanto a por qué debía ser cauteloso. Me crié en la iglesia y vi a mi padre servir abnegadamente. Nunca pensé que me estaban usando. Igual que Flor, él parecía ofrecer sus talentos y sus dones cuando era necesario. Tenía habilidades financieras y por eso sirvió como tesorero de la iglesia durante muchos años. Tenía el don del liderazgo y lo eligieron presidente de la iglesia tantas veces que ni me acuerdo cuántas. Mi padre tenía dones; la iglesia, necesidades. Pero él también tenía una familia y debo admitir que a veces me daba la impresión de que la iglesia recibía lo mejor de él. Aunque nunca la escuché quejarse, sé que mi madre se preocupó por su nivel de participación en más de una ocasión.

Mis luchas personales comenzaron cuando visité una iglesia un domingo en busca de un lugar donde pudiera oír la Palabra de Dios. El orador era elocuente y mantenía a sus feligreses embelesados. Supe de inmediato que aquel era el lugar adonde yo podía aprender mucho y crecer en mi fe. Y así fue.

Tan pronto como comencé a asistir con regularidad, el pastor Joaquín pareció estar complacido conmigo. Teníamos más o menos la misma edad y disfrutábamos muchos de los mismos pasatiempos e intereses. Nuestra amistad creció y entonces, él me alentó a participar más en la vida de la iglesia. Yo me sentí halagado. Se dio cuenta de que yo tenía dotes de orador y me pidió que participara con él en una transmisión radial. El programa recibía buenas respuestas, en parte por sus habilidades de orador y en parte por las mías. Una vez más me sentí halagado.

Poco después, el pastor Joaquín me preguntó qué pensaba yo de ser profesor de escuela dominical. La iglesia necesitaba un instructor para varias clases de temas familiares, lo cual es mi especialidad, por lo que acepté la oferta. A la clase asistía mucha gente y yo recibí honores tanto del cuerpo de la iglesia como del pastor Joaquín. Mi ego creció a medida que me convertí en parte del círculo interno elitista de la iglesia. En secreto, sentía mi orgullo afectado y mi ego inflado, pero también percibía que, en el fondo, algo andaba mal.

Seguí colaborando muy activamente, los programas en los que yo participaba crecieron y mi relación con el pastor Joaquín se volvió más estrecha. Él me confiaba los planes que tenía para la iglesia. Tenía la visión de que la iglesia se duplicara en tamaño y dijo que yo sería una parte importante en ese crecimiento. Una vez más, me sentí orgulloso de mi iglesia, mi relación con el pastor y mi papel en la acción.

La iglesia creció y sucedieron cosas maravillosas. Vidas cambiaron. La gente estaba emocionada con los programas nuevos, con la forma en que Dios estaba obrando en el cuerpo de nuestra iglesia y con el futuro. No obstante, algunos cuestionaban qué estaba sucediendo. Empezaron a correr rumores de que el pastor Joaquín era un ególatra. Algunos miembros se fueron de la iglesia porque se sintieron heridos por él. Yo me preguntaba si aquellos rumores podían ser ciertos. ¿Era bueno el crecimiento? ¿Cuál era el costo de nuestro progreso? Yo veía el efecto que tenía en mi propia vida. Estaba más ocupado cada vez y me sentía obligado a mantener un ritmo frenético en el trabajo que hacía para la iglesia.

La iglesia siguió creciendo y mis responsabilidades aumentaron con ello. El pastor Joaquín me pidió que comenzara un programa de consejería laica, lo cual hice. Me pidió que dirigiera retiros, lo cual hice. Me pidió que me sumara al personal de la iglesia, lo cual no hice. Quería mantener cierto grado de separación entre lo que hacía profesionalmente y lo que hacía para la iglesia.

Sin embargo, lo que más me molestaba era que percibía que algo andaba muy mal. No quiero culpar a nadie; lo que me sucedió a mí contó con mi aprobación y plena participación. Pero las mismas cosas les suceden a muchas personas y salen heridas en el proceso. Yo participé en un proceso de confabulación destructiva. La iglesia me ofrecía una enorme cantidad de halagos y alimentaba mi ego, más que nunca antes. Me ofrecieron la oportunidad de formar parte de un lugar sagrado interno potente. Me ofrecieron afirmación y aceptación, lo cual necesitan todos los codependientes y las personas complacientes.

Uno de los hábitos más destructivos de la iglesia controladora es ofrecer aceptación a cambio de un precio. A mí me aceptaron y me afirmaron solamente porque asistía a los cultos de la iglesia tres veces a la semana. Menos de eso era intolerable. Me aceptaban si daba mi diezmo regularmente y si estaba de acuerdo con el pastor respecto al contenido de nuestra transmisión radial. Si yo no estaba de acuerdo con el pastor Joaquín, él me regañaba. Yo sabía que para disfrutar de mi puesto favorecido tendría que adaptarme. Tendría que desistir de ser yo. Y por un tiempo lo hice. Pero mis dudas comenzaron a crecer y yo cuestioné mi relación con el pastor y con la iglesia.

Mi papel de líder en la iglesia terminó cuando me negué a conformarme a las expectativas de la iglesia. ¿Estaban equivocados el pastor Joaquín y los miembros de la iglesia al forzar esas normas sobre mí? Creo que sí. A la larga, cada uno de nosotros toma esa decisión. La línea entre la expectativa y la obligación es borrosa. Cuando la gente no puede trazar una línea entre las dos, queda atrapada tratando de ser algo que no es. Como resultado de ello, no puede pensar, sentir ni escoger por sí misma.

## Traición

Flor trabajó durante años por dedicación y lealtad, pero el resultado para ella no fue muy diferente de lo que fue para mí. Años después, se preguntó por qué sentía esa mala sensación en el estómago cuando reflexionaba en aquellos años de servicio prestado a su querida iglesia. *Muchas otras personas como ella daban abnegadamente* —pensó— y terminaron desilusionadas. Enseñaron en las aulas de escuela dominical como maestros, cuidaban a los niños y a los bebés en la guardería. Cantaban en el coro y trabajaban en la junta de ancianos. Daban, y daban, y daban. Algunos se sentían honrados por poder servir. Pero Flor supo al hablar con los demás miembros de la iglesia que algo cambió en algún momento para muchos de ellos.

Comenzaron a sentirse utilizados. Comenzaron a sentir, como me pasó a mí, que ya no los querían ni los necesitaban. La iglesia solo quería y necesitaba lo que ellos podían proporcionar. Eso es lo que se siente en la traición. Alguien a quien has llegado a querer mucho se vuelve contra ti. Uno espera honor a cambio de un servicio leal, pero en lugar de ello, recibe crítica por no adaptarse. Uno espera halagos por un buen desempeño, pero recibe ese movimiento de la cabeza que dice que apenas ha hecho lo que se esperaba de usted. Se le cae el corazón al suelo y se siente usado.

El dolor viene cuando uno comienza a darse cuenta de que sacrificó su integridad para encajar en la maquinaria de la iglesia. Uno deja de sentirse bien con uno mismo y con la fe. Algo cambia cuando se pierde la individualidad. Un examen minucioso de la situación reveló que las necesidades y deseos de Flor y los míos ya no se consideraban importantes. Lo que era importante era cómo podíamos ser moldeados para encajar en el plan maestro de la iglesia.

El proceso suele ser tan engañoso que la mayoría de la gente no se da cuenta de que está sucediendo. Así como uno se pierde en el matrimonio, la familia o una empresa, se puede perder fácilmente en una iglesia. Eso no necesariamente se traduce en una desconsideración abierta de parte de la iglesia de su utilidad o de sus dones. Más frecuentemente es un tirón paulatino que a la larga lo arrastra más y más a la corriente. Si uno no tiene cuidado, se ahoga.

La negación es algo que podemos reconocer. La negación es una forma de protección. Protege nuestro ego porque se niega a reconocer o a confrontar lo doloroso. Puede que notemos nuestra negación, pero raras veces despertamos y nos damos cuenta de que estamos perdiendo nuestra individualidad por causa de las metas y las reglas de una organización más grande. Pocas veces el líder —en este caso, el pastor— busca personas conscientemente para servir a sus metas egocéntricas. No, el proceso es mucho más sutil y, por lo general, menos malévolo. Independientemente de la intención del pastor, el resultado final es la sensación de traición.

¿Por qué se sentiría uno traicionado? Porque se da cuenta de que lo están usando, de que su individualidad se está consumiendo. En el corazón de Dios, uno es valorado por lo que es y por los dones que benefician el cuerpo de la Iglesia. Las Escrituras no dicen que haya que alterar los dones y la personalidad para encajar en los ardides mayores de la iglesia. Las Escrituras dicen que la iglesia se beneficia de la singularidad de cada creyente. Las palabras del apóstol Pablo son firmes:

> De manera que, teniendo diferentes dones, según la gracia que nos es dada, si el de profecía, úsese conforme a la medida de la fe; o si de servicio, en servir; o el que enseña, en la enseñanza (Ro. 12:6-7).

Note que ese pasaje no dice lo siguiente:

> Haga todo lo que pueda para que sus dones encajen con las metas del pastor. Si él o ella dicen que usted debe ser orador, aunque su don sea el de profecía, comience a escribir sermones. No pase tiempo pensando ni

orando para saber cómo desarrollar sus dones particulares. Eso no es importante. Usted debe convertirse en lo que sea que el cuerpo necesite. Adáptese, desista de usted mismo y sirva.

Ofrezco ese absurdo argumento para expresar una verdad. Cuando los líderes de una organización pierden de vista la singularidad de sus miembros, han cometido un grave error, un error que hará daño al cuerpo de creyentes y deja a sus miembros sintiéndose traicionados.

La iglesia y sus líderes no se dispusieron a traicionar a Flor, a mi padre ni a mí. Pero se olvidaron de las bases del buen liderazgo y terminamos siguiendo como ovejas confiadas. Participamos plenamente en el proceso, como lo hacen muchos cada día. Como se dará cuenta, puede perderse de muchas formas por causa de muchos programas y personas. Por desgracia, la iglesia es otro lugar donde tratamos de complacer a los demás y, al hacerlo, podemos terminar haciéndonos daño.

Cuando nos damos completamente a alguien y esa persona no satisface nuestras expectativas de un reconocimiento apropiado, nos sentimos traicionados. Flor se sintió traicionada cuando la iglesia no honró su fiel servicio después de casi 20 años. Cuando se jubiló organizaron un pequeño almuerzo en su honor y la dejaron luchando para sobrevivir con su pensión. No podía evitar sentirse herida por su amada iglesia.

Yo me sentí profundamente traicionado por mi iglesia. Di muchas horas de servicio, y cuando dejé de satisfacer las necesidades del pastor eficazmente, él se deshizo de mí. Lo mismo les sucedió a muchas otras personas en aquella iglesia. El pastor usaba a las personas para hacer avanzar la organización en la dirección que él quería. Incontables personas en demasiadas iglesias han pasado por lo mismo.

Mi padre nunca ha hablado de sentirse traicionado. Él y mi madre siguen asistiendo a la misma iglesia desde hace 50 años. Mamá y papá aman esa iglesia, como también yo. Pero ¿la iglesia le ha honrado adecuadamente por sus años de servicio? ¿Acaso dio demasiado de sí mismo a veces haciéndose daño a él y a su familia en el proceso? Esas son preguntas con las que he luchado en años recientes. Creo que hoy diría que dio voluntariamente porque se sentía llamado a servir. Su recompensa fue entender que estaba aportando algo al reino de Dios. Flor diría algo muy parecido. Pero eso no excusa la responsabilidad de la iglesia de atender adecuadamente las necesidades de la persona.

## Pensamiento grupal

Hace un tiempo, los psicólogos acuñaron el término "pensamiento grupal". Se trata de la tendencia de un grupo organizado de personas de sofocar la individualidad y fomentar la conformidad. A la mayoría de nosotros nos han aconsejado adherirnos a "la forma en que hacemos las cosas aquí". Desde los primeros años de la niñez nos han enseñado el fino arte de ser civilizados, también conocido como adaptarse a las expectativas de la persona que está a cargo: el maestro. ¿Se acuerda de alguna vez en que estaba en un aula de clases y se sintió petrificado de compartir su opinión sobre un tema en particular? Muerto de miedo por sobresalir y hacer el ridículo, entendió lo que el maestro quería que usted dijera y lo dijo.

La mayoría de los grupos experimenta lo mismo. Los psicólogos usan el término "características de la exigencia" para describir las expectativas que los grupos tienen de las personas para que se comporten de una manera prescrita. Por ejemplo, imagine que se prepara para una cena con amigos. Mientras comienza a planificar la salida, considera quiénes estarán allá. Trata de determinar cómo se van a vestir y qué va a llevar la gente. Recuerda otras cenas a las que ha asistido y prepara mentalmente un conjunto de comportamientos para esta. Lo más probable es que se imagine encajando en las expectativas del grupo. Probablemente no hará ni dirá nada escandaloso por lo cual vaya a ser criticado.

Esas características de la exigencia son muy útiles porque reducen nuestra ansiedad y nos ayudan a entender cómo comportarnos. Pero también crean conformidad y sofocan la individualidad. Solamente una persona muy segura de sí misma se atreve a desviarse del camino trillado y a decir o a hacer cosas que podría levantar el ceño.

Tengo un querido amigo y colega profesional que desprecia los convencionalismos. Pedro es un genio de las finanzas y tiene muchísimo dinero, pero pocas veces anda peinado y su ropa siempre luce andrajosa. Tiene varios autos, todos necesitan reparación. Los autos dañados reflejan su apariencia, pero eso no lo molesta. Él no tiene deseo alguno de asumir la personalidad estereotípica de un profesional altamente calificado.

Una vez fui con él en su auto a un congreso. Durante el viaje se recortó la barba mientras conducía. Vi conmocionado cómo con una mano agarraba el volante y con la otra usaba las tijeras. El pelo de la barba le caía sobre las piernas.

"Pedro —le dije sorprendido—. Vas a ensuciar el auto, además de que nos podríamos matar".

"¿Y qué? —dijo con una sonrisa—. Nadie anda conmigo, o sea que no me importa".

En el congreso habló mucho y en voz alta, hizo pasar malos ratos a los oradores y por lo general hacía caso omiso del protocolo aceptado en esas reuniones. A pesar de que a veces resultaba pesado, su gusto por seguir su propio camino era fascinante. Pedro luchaba incansablemente contra las fuerzas de la conformidad.

Aunque mucha gente se siente incómoda cerca de personas como Pedro, muchas veces también nos divierten. Hay algo que nos hace admirar su naturaleza atrevida. Ante la presión de adaptarse, luchan contra ella. Eso es algo que todos deberíamos intentar de imitar.

Ahora miremos más de cerca algunas características destructivas de la iglesia controladora y su efecto en la personalidad complaciente.

## El abuso espiritual

Cuando una persona que tiene una personalidad complaciente y codependiente conoce a alguien que tiene una personalidad controladora y dominante, seguro que habrá problemas. Cuando eso sucede en una iglesia, a menudo el resultado es el abuso espiritual. Puesto que este tema se conoce y se entiende muy poco, la idea molesta mucho. Desde luego, la espiritualidad y el abuso deben excluirse mutuamente. Pero la triste verdad es que no es así. Ahora más que nunca vemos los resultados que se derivan del mal uso del poder y la autoridad en la iglesia. Cuando alguien tiene poder y autoridad sobre los demás y usa ese poder para hacer daño, Dios se aflige. Eso no debería suceder nunca entre los líderes de la iglesia, pero sucede en muchas, muchas iglesias.

Ken Blue, en su libro titulado *Healing Spiritual Abuse* [Cómo sanar el abuso espiritual], dice: "El abuso espiritual sucede cuando un líder que tiene autoridad espiritual usa esa autoridad para coaccionar, controlar o explotar a los seguidores causando con ello heridas espirituales". Y sigue diciendo: "El abuso espiritual puede diferir de otras formas de abuso en que raras veces se comete con la intención de lisiar". Los que lo cometen pueden ser "tan narcisistas o tan centrados en algo grande que están haciendo para Dios que no se dan cuenta de las heridas que causan a sus seguidores".[1]

Blue utiliza el ejemplo de los camareros en un restaurante de primera. A los camareros se les capacita en el lenguaje corporal de la amistad y la familiaridad, y ellos lo usan para ganarse nuestra confianza. Luego usan esa confianza para seducirnos a pedir lo que el restaurante desea vender y, por supuesto, para sacar tanto dinero como sea posible al tiempo que logran que el cliente se sienta apreciado y atendido. A veces, la iglesia trata a las personas como si les estuvieran vendiendo un producto.

Jeff VanVonderen, otro líder que entiende el abuso espiritual y autor del libro titulado *The Subtle Power of Spiritual Abuse* [El poder sutil del abuso espiritual], dice:

> Es posible llegar a estar tan decididos a defender el lugar espiritual de la autoridad, una doctrina o una forma de hacer las cosas, que uno hiera y abuse del que cuestiona, no está de acuerdo o no se "comporta" espiritualmente de la manera en que uno quiere que lo haga. Cuando sus palabras y acciones denigran a alguien, atacan o debilitan la posición de una persona como cristiana —para gratificarse usted, su posición o sus creencias al tiempo que debilita o hace daño a otra persona— eso es abuso espiritual.[2]

Porque fueron hallados en mi pueblo impíos; acecha-
ban como quien pone lazos, pusieron trampa para cazar
hombres.... así están sus casas llenas de engaño; así se
hicieron grandes y ricos.... y sobrepasaron los hechos
del malo; no juzgaron la causa, la causa del huérfano...
y la causa de los pobres no juzgaron (Jer. 5:26-28).

## Una emoción tabú

Yo me resistía a creer que era una víctima del abuso espiritual.
Suponía que las víctimas de abuso espiritual tendrían síntomas graves. En vez de examinar más de cerca mis heridas, resté importancia a mi dolor. He llegado a comprender que los cristianos por lo
general restan importancia a la magnitud en la que han sido heridos
por sus pastores o líderes de la iglesia. Enojarse con el pastor parece
que fuera enojarse con Dios, una emoción tabú aunque vemos que
el salmista se siente así muchas veces. Después de un tiempo, vi que
mi experiencia era bastante parecida a la que describe Blue.

Después de reflexionar en lo que me sucedió a mí, veo que mi
carismático pastor vendía el cristianismo. Tenía un plan maravilloso para la iglesia que era difícil de censurar. Quería crecimiento
y notoriedad para la iglesia.

Su esperanza era que la comunidad nos reconociera por nuestros programas. Era muy difícil criticar su plan. Oponerse a él o
incluso cuestionarlo era provocar su ira, desaprobación y, para el
codependiente, la pérdida de su aceptación. Los riesgos de jugar en
ese terreno son muchos, y yo he visto a mucha gente quedar herida
y caerse por el precipicio.

Las señales de que yo podía estar al borde de una caída llegaron
temprano en mi experiencia en el ministerio. Llegaron en forma de
advertencias de parte de amigos. "Ten cuidado —me decían—. El
pastor desea usar tus calificaciones para su propia gloria. Quiere
usar lo que tú tienes que ofrecer y luego dejarte a un lado".

Doy gracias de que fui lo suficientemente astuto como para
hacer caso a sus advertencias. Es cierto que caí, pero su consejo
suavizó el golpe. Después de escuchar las historias de otras personas que fueron seducidas por su encanto y luego se sintieron heridas

por sus despidos insensibles, yo estaba alerta. Tal como dice Ken Blue, esas personas tienen sus propios planes y están tan absortos en ellos que muchas veces ni siquiera notan que están hiriendo a los que dejan atrás.

Los líderes abusadores espirituales son como los fariseos descritos en el Nuevo Testamento. Los fariseos ejercían autoridad sobre las personas y a veces creaban una atmósfera de temor y obediencia total. Establecieron un conjunto de reglas y regulaciones para proteger la ley. Blue dice:

> Hoy día, cuando los líderes de la iglesia se convierten en porteros usando el desempeño religioso y no la fe en Jesús como criterio de aceptación o rechazo, se convierten en líderes estratégicamente mal colocados que tuercen la vida del cuerpo de Cristo. Al hacerlo perpetúan el ministerio de los fariseos.[3]

En la comunidad farisaica, igual que en muchas iglesias y organizaciones hoy día, el control de las personas es el problema central. Tal como dijera una vez C. S. Lewis: "Si el llamamiento divino no nos hace mejores, nos hará mucho peores. De todos los hombres malos, los religiosos son los peores".[4]

Debemos recordar que algunas condiciones preparan el escenario para el abuso espiritual y una de ellas es nuestra presencia. Un líder abusivo no tiene poder de abusar ni herir a menos que le demos ese poder. Patricia Evans, en su libro titulado *Controlling People* [Gente controladora], es sumamente perspicaz cuando ofrece pistas para ayudarnos a evitar esos problemas en el futuro. Refiriéndose a personas que son controladas en las relaciones dice:

> Habiendo aprendido a negar su propia sabiduría y habiendo aceptado la definición que otras personas hacen de ellos, sin siquiera darse cuenta, los que están desvinculados de sí mismos construyen una identidad que no está arraigada en la experiencia, sino construida de, o como reacción a, las ideas, expectativas y valores de otras personas.[5]

Creo que la señora Evans ha dado en el clavo en varios temas clave. Si los miramos más de cerca podremos ser más firmes y trabajar en cooperación con nuestros pastores y líderes de iglesias para nuestro crecimiento espiritual y la debida adoración a Dios.

- Debemos aprender a identificar nuestra propia sabiduría, arraigados en la Palabra de Dios. No podemos ser personas dependientes que reciban todo con cucharita y esperar recibir toda la verdad de hombres y mujeres falibles. Dios ha prometido darnos sabiduría, en dosis generosas, si la procuramos (Pr. 2:1-6).

- No podemos considerar siquiera aceptar las definiciones que otros tienen de nosotros. No somos lo que otras personas creen que somos. Nuestra identidad está arraigada y fundamentada en la opinión que Dios tiene de nosotros. Somos obra suya, pueblo suyo, coronados de gloria y de honra, encargados de la creación, santos y llamados hermanos por Dios (He. 2:7-11).

- Debemos protegernos para no desvincularnos de nosotros mismos. Si no dedicamos tiempo para escuchar nuestro corazón, nuestros pensamientos y opiniones, seremos vulnerables a aceptar las definiciones de los demás de cómo deben ser las cosas. Debemos aprender a estar vinculados con nosotros mismos, con nuestros dones espirituales y con nuestra habilidad de discernir los espíritus.

- Por último, debemos fijarnos en cómo vemos el mundo. ¿Es nuestra perspectiva simplemente una reproducción mecánica de lo que otra persona nos ha dicho? ¿O es un punto de vista que ha sido formado en el crisol de la oración, el discernimiento, la reflexión y el estudio?

## El diseño de Dios para la Iglesia

Dios ciertamente no diseñó la Iglesia para que fuera un lugar donde se hiere a la gente y se abusa de la autoridad. Eso no está en su corazón. El control excesivo en la iglesia es un mal uso de la autoridad de Dios. Mientras yo cuento historias de cómo se ha usado mal y usted recuerda ejemplos de abuso espiritual en su vida, podemos fácilmente defendernos de ella. Yo me podría ver tentado a volverme cínico y alejarme de la estructura formal de la iglesia. Igual que muchas otras personas, me siento tentado a adorar al Dios de la creación en el mundo natural, lejos de líderes y personas que podrían contaminar la experiencia. Pero hay algo que me llama de nuevo a la asamblea y está el llamamiento de las Escrituras de que no abandonemos la congregación. Dios sabe algo del misterio de la Iglesia que yo no sé. Debo recordarme a mí mismo que los problemas dentro de la iglesia no constituyen una razón para dejarla.

La Iglesia no fue diseñada por Dios para que fuera un gran monolítico con vitrales adornados, distante, púlpitos hostiles e iconos arcaicos para adornar las paredes. Aunque esas cosas no tienen nada de malo en sí mismas, son construcciones de hombres, no de Dios. La intención de Dios para la Iglesia se puede rastrear a la palabra griega *ekklesia*, que significa "reunión de personas". Cada vez que se "convocaba" a la gente era tiempo de *ekklesia*. En ningún lugar de las Escrituras se refiere la palabra a un edificio ni leemos que la gente "va a la iglesia".

Chuck Colson, en su maravilloso libro titulado *The Body* [El Cuerpo], da varias descripciones de las intenciones de Dios para la Iglesia. Su comprensión de la Iglesia incluye lo siguiente:

*La Iglesia es más que simplemente un conjunto de personas; es una nueva comunidad.* Colson dice que cuando confesamos a Cristo, nos volvemos parte de su pueblo convocado. Formamos parte de una comunidad de redimidos, nación santa y real sacerdocio. Por naturaleza deseamos asociarnos con otras personas que se sienten llamadas a adorar a Dios.

*La Iglesia pertenece a Dios.* La iglesia no pertenece al pastor ni a la junta de ancianos. No pertenece a los feligreses. Cuando alguien comienza a suponer que es dueño de la iglesia suceden cosas peligrosas. El abuso espiritual a menudo se produce cuando la gente traza rayas y participa en luchas de poder. La Iglesia pertenece a Dios, y hacemos bien en recordar eso.

*La Iglesia triunfará.* "Las puertas del Hades no prevalecerán contra ella" —dijo Jesús. Él prometió que la Iglesia triunfaría sobre las fuerzas del pecado y del mal. Colson nos recuerda que eso también es una comisión, que debemos oponernos al mal y luchar por la justicia y la equidad. La Iglesia, con todas sus imperfecciones, es el instrumento de Dios.

> Hizo esto para que todos los que formamos la iglesia, que es su cuerpo, estemos capacitados para servir y dar instrucción a los creyentes. Así seremos un grupo muy unido y llegaremos a tener todo lo que nos falta; seremos perfectos, como lo es Cristo, porque conocemos al Hijo de Dios y hemos confiado en él (Ef. 4:12-13, BLS).

## Un evangelio granuja

Podemos impedir que los demás ejerzan excesivo control sobre nosotros en la iglesia —y evitar el abuso en todas su variadas formas— si no nos tomamos a nosotros mismos, y tal vez ni siquiera a los demás, demasiado en serio. De hecho, puede que ese sea el mejor remedio para la angustia mental de todo tipo.

Las obras de Annie Dillar, escritora ganadora del Premio Pulitzer, incluida *Holy the Firm* [Santa la empresa], revelan su perspectiva sobre los temas de fe. Sus escritos sobre cuestiones religiosas son informales y accesibles.

> Yo solo sé lo suficiente sobre Dios como para querer adorarle, por cualquier medio que tenga a la mano. Existe una especificidad anómala a toda nuestra experiencia en el espacio, un escándalo de particularidad, por medio del cual Dios florece o colma las ocasiones más deprimentes, y deja los tratos de su creación con Él en manos de aficionados obtusos y torpes.[6]

La autora parece preguntarse: ¿quiénes somos nosotros para que Dios se revele a Sí mismo siquiera? Somos favorecidos, muchas veces al día, con vislumbres de Su presencia. Y sin embargo, a menudo no lo vemos. Dillard prosigue diciendo:

> Un deje de romance se aferra a nuestras ideas de "publicanos", "pecadores", "mercaderes" como si efectivamente Dios debiera revelarse, si es que se revela, a esas personas sencillas, esas figuras de acuarela de escuela dominical, que son tan puramente propias en sus túnicas raídas, que son singulares en sí mismos, mientras nosotros ahora somos varios, complejos y de corazón pleno.[7]

El mensaje de Dillard es claro: no debemos tomarnos demasiado en serio, ni tampoco debemos ceder el poder a los que han sido ordenados.

Brennan Manning trajo una brisa fresca a la iglesia hace muchos años. Sus escritos irreverentes, incluido *The Ragamuffin Gospel* [El evangelio granuja], nos tomó a muchos por sorpresa. Él se atrevió a decir cosas que nosotros estábamos pensando en la iglesia. En su introducción del libro advierte: "No es para legalistas que preferirían dar el control de su alma a las reglas antes que correr el riesgo de vivir en unión con Jesucristo".[8]

Respecto al abuso de poder por parte de la Iglesia y de la comunidad religiosa, Manning dice:

> La inclinación de la mente ante los poderes de este mundo ha retorcido el evangelio de la gracia y lo ha convertido en un yugo religioso, y ha distorsionado la imagen de Dios presentándolo como un tenedor de libros eterno, de mente cerrada. La comunidad cristiana se parece a un intercambio de trabajos de Wall Street donde se honra a una élite y se hace caso omiso de lo ordinario. El amor se sofoca, la libertad se encadena y la justicia propia se asegura. La iglesia institucional se ha vuelto una heridora de sanadores en vez de ser sanadora de heridos.[9]

Me conmoví profundamente cuando leí el relato del hijo pródigo desde la perspectiva de Manning. De hecho, tengo el hábito de releerlo siempre que me siento un poco santurrón. En su lectura de este famoso pasaje, en el cual el hijo joven se va y malgasta su herencia mientras el hermano mayor se queda en la casa responsablemente para ocuparse de la finca, Manning sugiere que el perdón precede al arrepentimiento cuando el hijo se da cuenta de su locura y regresa al hogar. Muchos de nosotros queremos detener al hijo menor en seco y exigirle que explique sus acciones delictivas antes de permitirle poner un pie en el comedor. Muchos de nosotros queremos una cuenta del dinero perdido, una humilde admisión de su culpa y una súplica de perdón. Seguro que eso fue lo que pensó el hermano mayor responsable. Pero Manning sugiere que el padre, igual que nuestro Padre Celestial, no hace esas exigencias.

Cuando el hijo pródigo llega sin fuerzas a la casa procedente de su vida licenciosa, sus motivos eran cuestionables. Vio que los siervos de su padre estaban comiendo y viviendo mejor que él y decidió regresar a su casa. Como padres que lidiamos con esas circunstancias, la mayoría de nosotros se sentiría tentada a hacer algunas preguntas difíciles. Pero tal como dice Manning, el versículo más conmovedor de toda la Biblia podría ser: "...Y cuando aún estaba lejos, lo vio su padre, y fue movido a misericordia, y corrió, y se echó sobre su cuello, y le besó" (Lc. 15:20). Manning dice:

> Me conmueve ver que el padre no le hizo preguntas al muchacho, no lo intimidó, no lo sermoneó sobre el tema de la ingratitud ni insistió en ninguna motivación elevada. Estaba tan gozoso de ver a su hijo que pasó por alto todos los cánones de prudencia y discreción paterna y sencillamente le dio la bienvenida a casa. El padre lo aceptó tal como estaba.[10]

## Un evangelio nuevo y viejo

Igual que el hijo pródigo, la mayoría de nosotros busca aceptación. No sabemos cómo pedirla. Puede que ni siquiera entendamos cuánto la necesitamos. Queremos ser seguidores de Cristo pero no queremos que nos regañen, nos avergüencen ni nos hagan sentir culpables cuando fallamos. Afortunadamente para nosotros, el Cristo de amor ofrece la misma aceptación que buscamos tan desesperadamente. A pesar de que los legalistas píos estarán de pie cerca de la puerta cuestionando nuestro derecho a entrar, podemos sonreír y decir: "El dueño de la propiedad me hizo una invitación personal".

El evangelio, o las "buenas nuevas", nos dicen que ya no debemos sufrir condenación. Gracias a la sangre de Cristo se nos ha concedido el perdón de pecados y la vida eterna. Se nos acepta tal como somos. No se nos dice que tenemos que cambiar, hacer correcciones, llegar a ser perfectos ni mostrar ninguna credencial antes de recibir su gracia. La recibimos gracias al amor de Dios por nosotros. Nada más, nada menos.

Las buenas nuevas son que todos hemos sido invitados a la mesa del banquete. Vengan y coman.

## Reflexión

¿De qué manera su tendencia a complacer a las personas podría afectar su relación con su iglesia? ¿Ha transigido en sus creencias para no causar problemas? ¿Ha sido deshonesto para poder encajar? ¿Alguna vez se ha sentido traicionado por su iglesia?

Si su respuesta es sí a cualquiera de esas preguntas, escriba las maneras en que puede practicar a ser más honesto con:

- usted mismo

- su pastor

- otras personas de su iglesia

¿Cuáles son sus expectativas de su relación con su iglesia? ¿Son realistas?

¿De qué formas podría su adoración comunicar aceptación y autenticidad?

# Capítulo diez

# Un nuevo concepto de lo que es ser buen cristiano

*Aceptar la responsabilidad de ser hijo de Dios es aceptar lo mejor que la vida tiene que ofrecerle.*

STELLA TERRILL MANN

La recuerdo bien, aunque tuve que hacer un esfuerzo para acordarme de su nombre. Conocía a Elena solamente como "la pianista de la iglesia". Elena se vestía con sencillez, supongo que porque no quería llamar la atención hacia sí misma. Aun así, tenía un cutis brillante, un largo cabello rubio y una sonrisa cautivadora. Descubrí que la miraba con frecuencia preguntándome qué haría además de tocar el piano. Nunca lo supe.

Elena se sentaba al piano de la iglesia todos los domingos por la mañana y por la noche, semana tras semana, prestando su servicio sin fallar. Como músico que soy, conozco la importancia que tienen los himnos en la adoración. Ahora aprecio la enorme responsabilidad que asumió Elena. Poco más puedo recordar de ella.

La pianista de la iglesia. Me pregunto cómo se sentiría si pensara que ese es su legado. Tal vez eso sería gratificante para ella. Después de todo, incontables años de servicio fiel a una iglesia, una congregación, se merece tener en cuenta. Elena era la voz baja, el rostro invisible detrás de todos aquellos himnos. Si me obligaran a escoger un adjetivo para describirla seleccionaría la palabra "bondadosa".

Creo que era casada porque después que cantábamos los himnos, cuando el pastor se preparaba para dar su sermón, ella se dirigía silenciosamente dos filas atrás donde un hombre siempre reservaba un asiento para ella. Parecían felices.

Su anonimato era típico de muchas mujeres en aquella congregación. La nuestra era una iglesia llena de entusiasmo en la que la gente decía lo que pensaba y a menudo surgían debates espontáneos y animados, pero los personajes centrales por lo general eran hombres. Mi padre estaba en el centro de muchos de los vigorosos debates. Descendientes de la iglesia Luterana sueca, los miembros de la iglesia por lo general mantenían un nivel aceptado de decoro a menos que alguien presentara un tema inusitadamente apremiante o volátil.

Los debates eran, de manera predominante, una actividad para hombres, aunque unas cuantas mujeres representaban un reto a esa situación. Se podía contar con que Juanita, Irma y Gladys se sumarían a la refriega. Pero no Elena. Ella parecía contenta con ocultarse detrás de las teclas de marfil. Igual que la mayoría de otras mujeres, parecía encontrar consuelo en actos de servicio silencioso.

Nuestra iglesia prefería los cultos tranquilos y en voz baja. La delineación de los roles estaba perfectamente clara. Las mujeres suplían y limpiaban la cocina, doblaban y grapaban los boletines y preparaban la Santa Cena. Y claro, tocaban el piano o el órgano. (No recuerdo haber visto nunca a un hombre tocar el piano en la iglesia). Los hombres se ocupaban del mantenimiento del edificio, sentaban a los feligreses y recibían la ofrenda.

Roles prescritos. Deberes asignados. Insinuaciones no muy sutiles sobre el protocolo que hacían saber a todos quién haría qué y qué se consideraba adecuado. Esas reglas mantenían las cosas funcionando sin tropiezos, pero también sofocaban la creatividad. La iglesia daba un lugar especial a quienes les gustaba cuidar de los demás, muchos de los cuales eran personas complacientes. Reservados, cautelosos e inciertos, buscaban la forma de adaptarse. La armonía era una de sus características.

Muchas mujeres como Elena perfeccionaron el arte de ser el cuidador de alguien. Se mantenían ocupadas con lo que fuera que hubiera que hacer, en silencio, sin expresar su opinión. Servían la

Santa Cena. Impartían clases en la escuela dominical. Cantaban en el coro. Pero pocas veces las escuché hablar. Menos veces todavía las escuché dar una opinión o expresar desacuerdo con un hombre.

¿Cuántas iglesias hoy día están llenas de mujeres dulces, cautelosas, controladas por reglas, y no personas seguras e innovadoras? ¿Cuántos ejemplos de mujeres vibrantes y dinámicas hay en su iglesia?

## Mensajes contradictorios

Nuestra iglesia enviaba mensajes mezclados a las mujeres. Por un lado, la mujer debía usar sus dones, igual que los hombres, para beneficio de todo el cuerpo. Eran iguales a los ojos de Dios. Dios las amaba y las apreciaba. Por otro, nuestra iglesia, igual que muchas otras, estaba dominada por la autoridad masculina. Los hombres prestaban servicio en las juntas de ancianos y presidían los comités. Tomaban todas las decisiones importantes respecto a la dirección de la iglesia. Las mujeres desempeñaban funciones como diaconisas y secretarias. Podían servir en esas posiciones pero se les negaban los papeles de liderazgo.

Yo no cuestiono que la iglesia deba mantener un orden bíblico. Los principios escriturales proporcionan un marco de referencia para el liderazgo en la iglesia. Sin embargo, no puedo evitar preguntarme cuántas mujeres, sobre todo en décadas recientes, han sido enseñadas, al menos de manera indirecta, que se deben hacer invisibles, y han sido tratadas de una forma muy similar a como tratamos a nuestros hijos. No puedo evitar preguntarme si la iglesia ha enviado a la mujer sin querer el mensaje de que deben "ser bondadosas", mientras que a los hombres se les ha concedido una mayor libertad en esa área. Igual que la cultura, la iglesia a veces les ha dicho a las mujeres que se comporten y han exhortado a los hombres a que participen en comportamientos que se acercan demasiado a los límites de lo apropiado.

¿Qué impacto han tenido esos mensajes contradictorios en las mujeres y qué tiene eso que ver con el tema de complacer a otros? Las mujeres que han aprendido a estar en silencio, a servir y a evitar conflictos serán más propensas a adaptarse y a perder sus verdaderas opiniones. Serán menos propensas a expresar lo que piensan incluso si tienen ideas que son muy importantes para el bienestar del grupo. Serán menos propensas a usar sus dones al máximo cuando el cuerpo global los necesita mucho. Serán propensas a servir a los demás de maneras que limitan su eficacia.

La mayoría de las organizaciones tiende a reforzar la conformidad y a disuadir la individualidad. Las mujeres que desean participar activamente en las iglesias dirigidas por hombres de seguro tendrán que hacer un recorrido cuesta arriba. Puesto que los hombres por lo general niegan a las mujeres posiciones de liderazgo, a las mujeres les será difícil hacer que las escuchen a pesar de las sugerencias de que sus voces son importantes. Ese es un problema que las iglesias deben superar. Las mujeres tienen que trabajar para demostrar que pueden ser fuertes sin ser agresivas, decididas sin ser controladoras, que pueden discernir asuntos espirituales sin ser rígidas religiosamente. Las iglesias tendrán que trabajar incluso más para alentar y aceptar esa conducta.

## Pérdida de creatividad

La presión tanto en la sociedad como en la iglesia para que nos adaptemos es enorme. Muchas veces crea codependencia y comportamiento complaciente. Nos enseña a sentirnos incómodos con la individualidad.

Pedro, mi amigo y colega que se recorta la barba en el auto, conoce el desdén que sufren las personas que son singulares. Él percibe que la gente cuestiona sus habilidades profesionales debido a sus rarezas personales. Tal vez usted también conozca esa sensación. Usted anhela ser singular pero teme al ridículo público. Si ha empleado gran parte de su vida complaciendo a los demás, puede que haya desmembrado muchas partes creativas de su yo. Tendrá que proponerse recordarlas. Tal vez viva dentro de usted un artista que ha olvidado. Es posible que haya un cantante deseando cantar, un escritor deseando escribir, un orador deseando hablar. Escuche atentamente. ¿Escucha alguna voz que haya reprimido?

Virginia era secretaria de una iglesia. Sin embargo, no encajaba en el molde. Era firme, segura de sí misma y tenía fuertes opiniones. Siempre las expresaba con respeto a la autoridad pero cuando veía algo que la preocupaba, lo decía. No siempre había sido así. Comenzó su carrera cuando tenía veinte y tantos años y había prestado su servicio en silencio bajo el liderazgo de su primer pastor. Virginia no se atrevía a cuestionar nada de lo que él decía. Él no toleraba que se opusieran a sus puntos de vista. Pero cuando el líder cambió, ella también cambió. Virginia aprovechó la oportunidad de explorar sus habilidades. Su nuevo pastor la exhortó a que usara sus habilidades al máximo. Ni siquiera Virginia sabía adónde la iba a conducir ese camino pero se sentía alentada a recorrerlo.

El cambio en el rol de Virginia fue sutil. No sucedió de la noche a la mañana. Más bien cambió a medida que ella se hizo mayor y se sentía más cómoda en su puesto. Cuanto más asumía el rol de líder, más liderazgo le daban. En vez de adaptarse en silencio, manifestaba su opinión y de vez en cuando agitaba las cosas. No todo el mundo vio bien cuando ella descartó su título de secretaria y se convirtió en asistente administrativa. Pero para Virginia, el nombre era significativo. Ella no era genuina cuando se comportaba como una secretaria diminuta y sencilla. Tenía muchos dones, talentos y aspiraciones que habían estado latentes. Su nuevo rol como asistente administrativa le daba la oportunidad de explorar sus intereses en diseño gráfico, composición y desarrollo de programas.

Tanto Virginia como la iglesia sufrieron los dolores que derivan del crecimiento. Ella sentía la presión de volver a su papel de persona callada y deferente. A veces dudaba de si debía o no expresar sus opiniones en las reuniones del personal. Aunque creía que era demasiado impetuosa, su pastor le aseguraba que el personal necesitaba escuchar su voz.

Necesitamos personas como Virginia, que expresen sus opiniones incluso cuando no son bienvenidas. Esas voces ofrecen nuevas perspectivas, nuevas reflexiones. Ofrecen una perspectiva más amplia cuando nuestra visión es estrecha.

Una de mis escritoras favoritas, Elizabeth O'Connor, habla de la individualidad y la creatividad en su libro titulado *Eighth Day of Creation* [El octavo día de la creación]. Ella cree, igual que yo, que cuando pedimos a las personas que se adapten tan rígidamente a las reglas y regulaciones de alguna organización, sofocamos la creatividad. Dice:

En nuestra sociedad, a la edad de cinco años, el 90% de la población tiene una "creatividad alta". A los siete años, la cifra ha descendido al 10%. Y el porcentaje de adultos con una creatividad alta es solamente del 2%. Nuestra creatividad se destruye no mediante el uso de una fuerza exterior, sino mediante la crítica, las insinuaciones, medios psicológicos sutiles que el niño "bien entrenado" aprende a usar sobre él mismo. La mayoría de nosotros somos nuestro propio "policía cerebral".[1]

## Llamados a ser buenos

Todos podemos estar de acuerdo en que ser creativos y permitir la individualidad, incluido el uso libre de los dones espirituales, es algo maravilloso. Pero tenemos una enorme montaña que escalar para lograr esa meta. Esa montaña se llama "ser un buen cristiano". O, dicho más sencillamente, "ser bueno". *Ser bueno* a menudo significa conformarse a las normas que nos han impuesto los amigos, la familia, los patronos o la iglesia. La mayoría de las veces se traduce en conformarse y complacer a los demás tanto que nos hacemos daño.

Yo veo una deleitosa sensación de individualidad y comunidad en las Escrituras. Igual que nosotros, los personajes bíblicos tenían que lidiar con las exigencias y los comentarios mordaces que acompañan a las relaciones. Cada vez que usted se vea tentado a pensar que ellos tenían una fe espiritual más elevada que los liberaba de los retos de las relaciones, examínelos más de cerca.

Había dos mujeres que tuvieron la oportunidad de ser amigas muy cercanas de Jesús. Pero eran hermanas. (Yo tengo tres hermanas y le puedo decir enfáticamente que no hay nada como observar a tres mujeres relacionarse unas con otras). Su breve historia en el Evangelio de Lucas nos da una imagen intrigante de la vida familiar en el círculo de Jesús.

Aconteció que yendo de camino, entró en una aldea; y una mujer llamada Marta le recibió en su casa. Esta tenía una hermana que se llamaba María, la cual, sentándose a los pies de Jesús, oía su palabra. Pero Marta se preocupaba con muchos quehaceres, y acercándose, dijo: Señor, ¿no te da cuidado que mi hermana me deje servir sola? Dile, pues, que me ayude. Respondiendo Jesús, le dijo: Marta, Marta, afanada y turbada estás con muchas cosas. Pero sólo una cosa es necesaria; y María ha escogido la buena parte, la cual no le será quitada. (Lc. 10:38-42).

La mayoría de nosotros se puede identificar con Marta fácilmente. En muchas maneras, ella es la personificación de alguien que se perdió tratando de complacer a los demás. Su mente va a toda máquina mientras se ocupa de todo lo que hay que hacer para que aquel acontecimiento social sea lo que ella desea. Su ritmo es frenético, sus sentimientos, ansiosos, y su estado de ánimo irascible. Marta asume la responsabilidad de hacerlo todo y se siente frustrada porque su hermana no hace más para ayudarla. Marta tiene un plan, está decidida a obtener el resultado y, en el proceso, está dispersa y enojada. *¡Caramba!* Me veo a mí mismo en ella tratando de satisfacer también las expectativas de los demás.

Sin embargo, la historia da un giro interesante. Jesús no está preocupado por los preparativos. Aparentemente, a Él no le preocupa que no haya entremeses. De hecho, no parece importarle mucho el apuro de Marta. Jesús prefiere sentarse y conversar, disfrutar de un encuentro íntimo con una buena amiga. Desea contacto, no control.

Es fácil criticar a Marta pero, igual que ella, muchos de nosotros estamos atrapados en hacer y no en ser. Nos cuesta apartar tiempo para la parte contemplativa de la vida. Empleamos muy poco tiempo reflexionando en dónde estamos, adónde queremos ir y cómo podríamos llegar allá. Estamos demasiado ocupados manteniendo las apariencias para emplear tiempo "siendo nosotros mismos" con amigos cercanos. En algún lugar, muy dentro de nosotros, hemos decidido ser "buenos cristianos" y ocuparnos de los comportamientos superficiales apropiados. Pero el evangelio nos hace libres. Nos libera para *ser* y no para *hacer*.

## Cuando nos perdemos

Yo me identifico con Marta. Ella se pierde en las actividades. Aparentemente se sentía llamada a hacer su trabajo. Sus voces interiores perfeccionistas le decían:

- Haz lo mejor que puedas

- Haz una buena presentación

- Impresiona a los demás

- Trabaja arduamente

- Defínete por lo que logras

Cuando leemos su historia, tal vez estemos prestos a solidarizarnos con María y criticar a Marta. Es posible que digamos apresuradamente que una de las hermanas estaba en lo correcto y la otra no. Esa dicotomía es sumamente simplista. Claro que vemos parte de nosotros mismos en ambas mujeres. ¿No somos llamados a cuidar de nosotros al tiempo que nos damos a la causa de Cristo?

Un aspecto de la vida cristiana que me desconcierta, sobre todo cuando considero la individualidad, está expresado llanamente en versículos como Mateo 10:39: "El que halla su vida, la perderá; y el que pierde su vida por causa de mí, la hallará". ¿Cómo podemos reconciliar la importancia del sacrificio propio con la importancia de mantener la individualidad? Eso tiende a ser una lucha para la mayoría de los cristianos.

Las Escrituras nos instruyen a vivir una buena vida. Los escritos del apóstol Pablo están repletos de amonestaciones a vivir una vida buena, compasiva, llena de sacrificio.

- Así que, hermanos, os ruego por las misericordias de Dios, que presentéis vuestros cuerpos en sacrificio vivo, santo, agradable a Dios, que es vuestro culto racional (Ro. 12:1).

- Digo, pues, por la gracia que me es dada, a cada cual que está entre vosotros, que no tenga más alto concepto de sí que el que debe tener, sino que piense de sí con cordura, conforme a la medida de fe que Dios repartió a cada uno (Ro. 12:3).

- Haced todo sin murmuraciones y contiendas, para que seáis irreprensibles y sencillos, hijos de Dios sin mancha... (Fil. 2:14-15).

- ¿No sabéis que sois templo de Dios, y que el Espíritu de Dios mora en vosotros? (1 Co. 3:16).

- Por lo cual, siendo libre de todos, me he hecho siervo de todos para ganar a mayor número (1 Co. 9:19).

- Ninguna palabra corrompida salga de vuestra boca, sino la que sea buena para la necesaria edificación, a fin de dar gracia a los oyentes (Ef. 4:29).

Para que no tropecemos bajo el peso de toda esa "bondad", debemos recordar que Pablo tiene una meta en particular. En todos sus escritos afirma claramente que su propósito no es complacer a nadie, sino solamente a Dios. Pablo dice: "Pues, ¿busco ahora el favor de los hombres, o el de Dios? ¿O trato de agradar a los hombres? Pues si todavía agradara a los hombres, no sería siervo de Cristo" (Gá. 1:10). Muchos de los escritos de Pablo hablan de perderse a sí mismo, *no por causa de los demás, sino por causa de Cristo*. Pablo era un hombre dedicado a promover el evangelio, no a agradar a los demás.

Mientras debatimos el tema de qué es el sacrificio propio adecuado y el cuidado propio adecuado, debemos entender varias verdades. Una vez más me remito a la obra de los doctores Townsend y Cloud y a su libro titulado *Boundaries* [Límites].[2]

- Establecer límites saludables es una forma de aumentar nuestra capacidad de cuidar de los demás. Cristo dio ejemplo del cuidado propio porque apartaba tiempo para estar con el Padre en descanso y oración.

- El egoísmo no es una buena mayordomía. El egoísmo se relaciona con un foco restringido en nuestros deseos a expensas de nuestra responsabilidad de amar a los demás. Los deseos proceden de Dios (Pr. 13:4), pero Townsend y Cloud nos recuerdan que "tenemos que mantenerlos dentro de las metas saludables y de nuestra responsabilidad".

- Es nuestra responsabilidad satisfacer nuestras necesidades. Hemos de administrar nuestra vida, lo que significa decir no a personas y actividades que nos hagan daño. Al hacerlo, administramos la inversión de Dios en nosotros.

- La falta de límites muchas veces es señal de desobediencia. "Las personas que no tienen límites definidos muchas veces obedecen externamente, pero son rebeldes y resentidos internamente. Desean poder decir no pero tienen miedo".

- Hemos de dar a los demás pero con ciertos límites. "Cada uno dé como propuso en su corazón: no con tristeza, ni por necesidad, porque Dios ama al dador alegre" (2 Co. 9:7). Ser obligados o inducidos a dar por medio de la culpa no es saludable para nosotros ni para los demás. Tampoco es la intención de Dios.

- Las personas que respetan nuestros límites y decisiones nos respetan a nosotros. Por otro lado, los que solamente desean que digamos sí a sus solicitudes muchas veces nos están manipulando para que seamos algo que ellos quieren que seamos. La mayoría de nuestras relaciones deben ser con personas que aprecien nuestras diferencias y nuestros límites.

- Por último, los límites crean sanidad en las relaciones. Si decimos sí cuando en realidad queremos decir no, el resultado es resentimiento. Si nos sentimos manipulados para hacer algo que preferiríamos no hacer, a menudo sentimos ira y nos alejamos. Establecer límites saludables crea un clima en el cual florecen las relaciones.

## Temor a la religión organizada

A la mayoría de nosotros nos cuesta establecer límites en nuestra vida personal. Muchos de nosotros también tenemos dificultades al momento de establecer límites saludables en nuestras relaciones con la iglesia. Cuando nos alejamos de las personas o de una iglesia, es posible que estemos intentando poner un límite.

Tragicamente, vivimos en una época de temor y desdén por la religión organizada. Muchos se están alejando de la iglesia en un intento de lidiar con los sentimientos negativos que experimentaron cuando eran miembros de alguna iglesia. Los argumentos tienden a ser muy similares:

- Yo soy espiritual, no religioso.

- Creo en Dios pero no en las reglas y regulaciones de hombres.

- Tengo mi propia fe personal y no necesito compartirla con nadie.

- Me hirieron en la iglesia y no pienso volver.

- No creo que Dios tenga una lista de cosas que quiera que yo haga y no haga.

- Dios es un Dios de compasión y amor que entiende mis sentimientos.

- A Dios no le interesan los edificios ni comités de la iglesia.

Seguro que usted también ha escuchado esos argumentos. Mantener una relación sana con la iglesia —lo mismo que mantener relaciones sanas con la gente— puede ser difícil.

Tuve una conversación con una clienta hace poco sobre este tema. Claudia tiene 42 años de edad y está pasando por un cambio profesional significativo. Su transición ha afectado otras áreas de su vida. Sus hijos son adultos y ya se fueron de la casa, y ella se pregunta cómo va a lidiar con esa nueva fase de su vida.

Parte de su transición tiene que ver con una reevaluación de lo que siente por la iglesia. Claudia dice que no ha estado asistiendo porque no necesita seguir escuchando lo que hace mal. Ya está cansada de eso. Claudia se siente imperfecta; asistir a la iglesia lo único que logra es reforzar esa idea. Ya no se siente aceptada y amada por los miembros de la iglesia, los cuales renovaban y alimentaban su alma. Más bien siente una vergüenza abierta o sutil porque nunca es lo suficientemente buena.

> Yo he asistido a la iglesia durante más de 25 años. He trabajado como bibliotecaria de la iglesia y maestra de escuela dominical, e incluso he prestado servicio en el comité de evangelización. Creo que hay que tratar de llegar a los demás y servirles. Pero poco a poco, con el paso de los años, me agoté emocionalmente. Cuanto más daba, más esperaban de mí. Parecía que el pastor siempre estaba diciendo que yo necesitaba ser mejor cuando me estaba esforzando al máximo. Finalmente tuve que dejarlo porque me estaba deprimiendo. Deseo volver, pero tendré que encontrar una iglesia que me acepte como soy y en la que yo no me sienta avergonzada por la manera en que trato de vivir la vida.

Kathleen Norris, en su maravilloso libro titulado *Amazing Grace* [Maravillosa gracia], señala que mucha gente se está alejando de la iglesia:

> Muchos dicen hoy día que no pueden encontrar a Dios en la iglesia, en la religión "organizada". Eso no me sorprende. Las iglesias pueden ser tan inhóspitas como cualquier otra organización. Lo que sí me sorprende es que la gente afirma con frecuencia que la máxima experiencia religiosa es sentarse en soledad bajo un árbol o en la cima de una montaña, muy superior a estar con otras personas. Puede ser agradable pero un poco solitario. Puede ser incluso privado si usted es dueño de esa montaña; de lo contrario, tendrá que preocuparse por lo que sucede cuando otra persona se presenta allí.[3]

Norris prosigue examinando el tema desde otra perspectiva importante:

En el área rural donde yo vivo, las iglesias todavía son las únicas instituciones capaces de sostener los ministerios comunitarios tales como la despensa de alimentos y una línea de ayuda para casos de violencia doméstica. Pero proporcionan algo más, algo que ni siquiera los "servicios sociales" mejor intencionados pueden reemplazar. Se llama salvación, pero comienza poco a poco, a nivel local, en una iglesia que ofrece tiempo y espacio para que la gente se junte para reunirse con un Dios que ha prometido estar presente. A la gente se le exhorta a cantar, tanto si saben hacerlo como si no. Y reciben una bendición solo por asistir.[4]

Claudia pasó varios meses en consejería explorando sus muchas transiciones, incluida su relación con la iglesia. Yo observaba y escuchaba mientras ella procesaba los cambios de su vida. La vi buscar y, a la larga, encontrar, una iglesia en la que se sentía amada y aceptada. Aunque sigue mostrándose cautelosa y no quiere participar demasiado, está explorando poco a poco las formas de expresar sus dones singulares.

## Asistencia

Muchas otras personas probablemente estarían dispuestas a presentarse en una iglesia y participar de ella si les pudiera asegurar que no las van a devorar ni las van a rechazar por ser diferentes. Desean poder asistir y sentir que han crecido en lugar de sentir que han menguado.

Tal vez esa debería ser una de la metas de la iglesia mientras considera lo que sienten mujeres como Claudia.

Por desgracia, los que asisten a la iglesia regularmente y los que están dispuestos a participar de verdad se sienten a menudo usados. Algunos líderes calculan que el 90% del trabajo que se hace en las iglesias lo hace el 10% de la gente. Claro, todas las organizaciones van a tener personas emocionadas con lo que está sucediendo y dispuestas a dar de sí mismas. El peligro es que muchas veces, los que están dispuestos a dar no saben establecer límites para sí mismos.

Para mucha gente, sobre todo para los que tienen tendencia a la codependencia, ver una necesidad equivale a satisfacerla. A algunas personas les duele ver programas que necesitan dirección o personas que necesitan ayuda. Se sienten obligadas a intervenir y rescatarlos.

Un antiguo pastor mío, el pastor Jaime, pudo fijar límites sanos para él mismo. El pastor Jaime me dijo: "Si alguno de los programas desaparece por falta de liderazgo, tal vez sea porque tenía que desaparecer. Quizás se le acabó su tiempo". Por otro lado, si alguien tenía la energía de fomentar un programa, él le daba la luz verde para que siguiera adelante. Sin embargo, no estaba dispuesto a dar más de sí para respaldar el programa. Él suponía que si el Señor de verdad estaba detrás del programa entonces aparecería la gente adecuada.

Hay quienes se opondrían al enfoque del pastor Jaime. Dirían que es duro. Después de todo, si alguien acudiera a él y pidiera ayuda para comenzar un ministerio para alimentar a los desamparados en las calles, ¿cómo podría decir "Ve con mi bendición" sin estar dispuesto a dar ni una pizca de su propio tiempo? Fácil. Él conocía sus talentos, dones y responsabilidades ministeriales. Él sabía que no había sido llamado para ser todo para todos. Pasó largas horas luchando contra el agotamiento y su sensación de ser inadecuado antes de entender que tenía que fijar límites a su ministerio.

La sabiduría del pastor Jaime viene de años de experiencia. Ha sido pastor durante 25 años, y en ese tiempo ha visto al menos una docena de colegas agotarse tanto que han dejado el ministerio. Ha visto diez veces más cómo el rostro de los feligreses se ilumina con una idea, y poco tiempo después ve cómo se apagan por el peso de la responsabilidad. Asistir a una iglesia sin que a uno lo devoren es un reto difícil, pero debemos abordarlo y manejarlo.

## *Koinonia:* Cómo compartir en la comunidad

Una buena iglesia no consume a su gente. No se puede dar el lujo de hacerlo. Evidentemente, si una iglesia consume a su gente no va a durar mucho.

En el Nuevo Testamento, la palabra griega que se usa para *compartir* es *koinonia*. Paul Lynd Escamilla, en un artículo titulado

"Something Bigger than All of Us" ["Algo mayor que todos nosotros"] dice que esa palabra es rica en significado: "sociedad, comunidad, participación, comunión. Literalmente significa 'compartir
algo con alguien' y se usa para referirse a compartir con Dios y en
Cristo, así como también con los demás".[5]

El concepto de *koinonia* es hermoso. La comunidad experimenta una participación honesta sin maraña. No se usa a nadie.
Escamilla cita varios ejemplos de personas que viven en una comunidad equilibrada de creyentes.

> Solamente en los Evangelios vemos el lavamiento de los
> pies, la partición del pan, el derramamiento de lágrimas;
> vemos que se le ofrece amistad a un extraño, que un hijo
> se reconcilia con su padre, que una madre suplica por su
> hija enferma; vemos a Jesús tocando ojos que no ven
> y piernas paralizadas, abrazando a los niños, mirando a
> los ojos a una extraña que le pide agua, acusando a su
> amigo más íntimo de negación, sudando sangre mien-
> tras ora y preocupándose por su madre desde la cruz.

Cuando compartimos momentos tan íntimos y dolorosos, per-
cibimos la magnificencia de compartir el pan y el fruto de la vid
unos con otros, el alivio de la confesión, la calidez de la oración
compartida. Y al mismo tiempo, pocas veces nos advierten acerca
de los peligros de compartir en exceso. Esas son áreas en las que la
Iglesia necesita instrucción y crecimiento. Incluso con los peligros
inherentes de llegar a enredarse demasiado con los demás, la Iglesia
sigue siendo un instrumento que Dios usa para sus propósitos más
elevados. La Iglesia es un misterio que nunca comprenderé. Aun
con sus imperfecciones, la Iglesia ha sido ordenada por Dios y está
aquí para quedarse.

## La palabra "no" tiene bordes

Los bordes establecen límites porque definen dónde terminan
las cosas. Pueden ser cosas maravillosas, pero también filosas y
dolorosas a veces.

Recuerdo bien una conversación que sostuve con un amigo a quien le pedí ayuda. Me dijo claramente que tenía otras obligaciones y que lamentaba no poder tenderme una mano. Yo persistí, sugiriendo que tal vez podía encontrar la forma de ayudarme a pesar de sus otras obligaciones. Entonces me dijo con más firmeza: "¿Qué parte de la palabra *no* es la que no entiendes?"

Admito que me sorprendió su brusquedad. En sus palabras había un filo y yo lo sentí intensamente. Sin embargo, esas palabras se me grabaron y me ayudan a ver mi tendencia de manipular a los demás para beneficio propio.

Muchos de nosotros trabajamos para evitar participar en situaciones en las que tal vez nos digan que no. Por ejemplo, no nos atrevemos a provocar la ira de un amigo por temor al rechazo. Sin embargo, otras personas, como yo, a veces forzamos los límites. Necesito que me digan que no. Sospecho que todos nosotros nos esforzamos por establecer límites para nosotros mismos y los demás. Necesitamos practicar a decir sí y no en nuestras relaciones.

Esas palabras tienen el poder de definirnos, de diferenciarnos de los demás y de validar nuestra calidad de personas. Cuando usted es honesto con usted mismo, puede decir sí a diferentes cosas a las que yo diría sí. A usted le gusta el amarillo, a mí me gusta el azul. A usted le gustan las canciones animadas, yo prefiero los himnos antiguos. Usted acepta que los niños pasen al frente durante los cultos, yo digo que los deben enviar al departamento para niños. ¿Quién tiene la razón? Por supuesto que nadie. Tampoco nadie está equivocado. Sencillamente somos diferentes, gracias a Dios.

A veces nuestras opiniones deben tener un límite para que se destaquen entre la multitud. Los límites a menudo son necesarios para contrarrestar la presión —de dentro y de fuera— para que nos adaptemos. Las opiniones que se sostienen con firmeza dejan poco espacio para los puntos de vista divergentes. Eso quedó ilustrado claramente durante la guerra en Iraq. Aunque alegábamos estar peleando por la libertad iraquí, mucha gente en ambos bandos del debate no respetaba la propia libertad de los demás de llegar a sus propias conclusiones. Definitivamente experimentamos tensión en medio de la diversidad.

## Bordes bíblicos

Cuando leemos las Escrituras, a veces notamos solamente los pasajes que nos alientan a vivir en armonía con nuestro prójimo. De manera especial, deseamos la unidad. Proclamamos con orgullo que la decisión de comprar un piano de cola fue unánime. Los puntos de vista particulares pueden ser emotivos, pero la diversidad también puede ser algo maravilloso. Las Escrituras no nos enseñan a:

- vivir en paz independientemente del costo

- soportar cualquier cosa a cambio de la armonía

- sonreír siempre mientras se persevera

- nunca decir "no" a una solicitud razonable de nuestros servicios

- lucir bien a toda costa

La espiritualidad que hace que la gente "se sienta bien" se ve bonita por fuera, pero no es auténtica. De hecho, no se conforma a las instrucciones proporcionadas por las Escrituras. Una mirada más de cerca a la Palabra de Dios nos da una perspectiva bastante distinta. De hecho, tan distinta que puede que nos retorzamos cuando reflexionamos en nuestra conducta como "buenos cristianos". Repasemos por un momento las vidas de algunos de los grandes personajes bíblicos.

### Daniel y sus asistentes

Tal como recordará, Daniel subió al poder y llegó a ser el principal funcionario del rey Nabucodonosor. A Daniel le asignaron tres asistentes: Sadrac, Mesac y Abed-nego. Junto con otros judíos, fueron obligados a inclinarse ante estatuas de oro. Pero esas estatuas no eran sus dioses. Arriesgando su vida, los tres jóvenes decidieron desobedecer las órdenes del rey. Los asistentes de Daniel no fueron pasivos en el asunto. Proclamaron osadamente sus intenciones de no inclinarse ante ningún dios que no fuera el suyo y estaban preparados para pagar el precio de sus convicciones.

> Sadrac, Mesac y Abed-nego respondieron al rey Nabucodonosor, diciendo: No es necesario que te res- pondamos sobre este asunto. He aquí nuestro Dios a quien servimos puede librarnos del horno de fuego ardiendo; y de tu mano, oh rey, nos librará. Y si no, sepas, oh rey, que no serviremos a tus dioses, ni tampoco ado- raremos la estatua que has levantado (Dn. 3:16-18).

Nabucodonosor se puso furioso. No estaba acostumbrado a la insubordinación. Aquellos jóvenes voluntariosos de seguro paga- rían un alto precio por sus ideas contrarias. Dio instrucciones de que calentaran los hornos siete veces más de lo normal y que echaran a los tres jóvenes dentro para que se quemaran. Algunos de sus hombres más fuertes los ataron y los echaron en el fuego. Sin embargo, Dios prevaleció. Poco tiempo después el rey vio "cuatro varones sueltos, que se pasean en medio del fuego sin sufrir ningún daño" (Dn. 3:25).

La historia continúa y cuenta que Daniel se metió en un lío. Él tampoco estaba dispuesto a inclinarse ante los ídolos falsos. En vez de ser echado en el horno de fuego, fue arrojado en el foso de los leones para que lo despedazaran poco a poco. Pero Dios tenía otros planes y un ángel cerró la boca de los leones.

### David

David era un gran guerrero, un hombre íntegro y un líder popular. Saúl estaba celoso de David de una manera psicótica y trató de matarlo muchas veces. Cuando David huyó de Saúl, se le sumó una banda de hombres muy rudos y fuertes. Ellos eran feroz- mente leales a David, y cuando se presentó la oportunidad perfecta para que David matara a Saúl, los hombres trataron de convencer a David de que matar a Saúl era la voluntad del Señor:

> Entonces los hombres de David le dijeron: He aquí el día de que te dijo Jehová: He aquí que entrego a tu enemigo en tu mano, y harás con él como te pareciere...

Pero David no se engañó con su lenguaje espiritual. No se dejó llevar por la opinión unánime de quienes lo respaldaban y no fue intimidado por la fortaleza de aquellos luchadores. Tal vez los hombres habían depositado sus esperanzas en esa oportunidad de hacerse de la victoria y terminar la pelea, y quizá David temía perder su lealtad si los desilusionaba. Aún así, David expresó su propia opinión claramente y escogió un curso de acción que armonizaba con sus convicciones.

> Y dijo a sus hombres: Jehová me guarde de hacer tal cosa contra mi señor, el ungido de Jehová, que yo extienda mi mano contra él; porque es el ungido de Jehová (1 S. 24:4-6).

### Nehemías

Nehemías es uno de los ejemplos más grandiosos de un líder que no se dejó llevar por las opiniones de los demás. Cuando Nehemías regresó a Jerusalén a reedificar las murallas derribadas, los líderes vecinos usaron todos los trucos habidos y por haber para tratar de detenerlo. Lo ridiculizaron, lo amedrentaron, dijeron mentiras sobre él y pusieron espías en su campamento. Cuando esos enemigos finalmente pidieron una reunión cara a cara con Nehemías, su respuesta tenía un límite bien definido:

> ... Yo hago una gran obra, y no puedo ir; porque cesaría la obra, dejándola yo para ir a vosotros (Neh. 6:3).

De una manera increíble, Nehemías dirigió al pueblo en Jerusalén y terminaron la reconstrucción de las murallas en 52 días.

### El hombre ciego

En Juan 9 vemos un ejemplo de personas temerosas que son amedrentadas mediante un liderazgo espiritual abusivo para que se sometan. También vemos una maravillosa alternativa.

Cuando Jesús sanó a un ciego un día de reposo, los fariseos no pudieron ver la maravilla del milagro, no vieron la evidencia de que Jesús era el Hijo de Dios y se centraron en la falta de aprecio por parte de Jesús de su interpretación de la ley. En vez de celebrar, convocaron un juicio y arrastraron a los padres del hombre para cuestionarlos. Nótese que la única preocupación de los padres era evitar el disgusto de los fariseos:

> Y les preguntaron, diciendo: ¿Es éste vuestro hijo, el que vosotros decís que nació ciego? ¿Cómo, pues, ve ahora? Sus padres respondieron y les dijeron: Sabemos que éste es nuestro hijo, y que nació ciego; pero cómo vea ahora, no lo sabemos; o quién le haya abierto los ojos, nosotros tampoco lo sabemos; edad tiene, preguntadle a él; él hablará por sí mismo. Esto dijeron sus padres, porque tenían miedo de los judíos, por cuanto los judíos ya habían acordado que si alguno confesase que Jesús era el Mesías, fuera expulsado de la sinagoga. Por eso dijeron sus padres: Edad tiene, preguntadle a él (Jn. 9:19-23).

¡Qué triste! Los padres apenas podían disfrutar de la dramática curación de su hijo porque tenían miedo de causar problemas. Pero la honesta respuesta del hijo es una bocanada de aire fresco en un marco religiosamente estancado. Él comienza con una afirmación sencilla y sin pretensiones de los hechos de su experiencia. No trata de decir nada más de lo que sabe y se mantiene centrado en lo que es más importante. Pero cuando los fariseos tratan de coaccionarlo para que acepte su posición prejuiciada, no está dispuesto a retractarse y se nota la tensión. Los fariseos recurren al ridículo y la intimidación. Al final, no pudieron aceptar la presencia del hombre en su comunidad. Nótese la respuesta de Jesús a la situación.

> Entonces volvieron a llamar al hombre que había sido ciego, y le dijeron: Da gloria a Dios; nosotros sabemos que ese hombre es pecador. Entonces él respondió y dijo: Si es pecador, no lo sé; una cosa sé, que habiendo yo sido ciego, ahora veo. Le volvieron a decir: ¿Qué te

hizo? ¿Cómo te abrió los ojos? El les respondió: Ya os lo he dicho, y no habéis querido oír; ¿por qué lo queréis oír otra vez? ¿Queréis también vosotros haceros sus discípulos? Y le injuriaron, y dijeron: Tú eres su discípulo; pero nosotros, discípulos de Moisés somos. Nosotros sabemos que Dios ha hablado a Moisés; pero respecto a ése, no sabemos de dónde sea. Respondió el hombre, y les dijo: Pues esto es lo maravilloso, que vosotros no sepáis de dónde sea, y a mí me abrió los ojos. Y sabemos que Dios no oye a los pecadores; pero si alguno es temeroso de Dios, y hace su voluntad, a ése oye. Desde el principio no se ha oído decir que alguno abriese los ojos a uno que nació ciego. Si éste no viniera de Dios, nada podría hacer. Respondieron y le dijeron: Tú naciste del todo en pecado, ¿y nos enseñas a nosotros? Y le expulsaron. Oyó Jesús que le habían expulsado; y hallándole, le dijo: ¿Crees tú en el Hijo de Dios? Respondió él y dijo: ¿Quién es, Señor, para que crea en él? Le dijo Jesús: Pues le has visto, y el que habla contigo, él es. Y él dijo: Creo, Señor; y le adoró (Jn. 9:24-38).

### Pablo

En el apóstol Pablo vemos tal vez el rebelde más grande de todos, aparte de Cristo, en el Nuevo Testamento. Pablo no tenía pelos en la lengua. Era brusco, mordaz e incluso desagradable a veces. No era un "ciudadano ejemplar". Pero estaba seguro de sí mismo y de su misión. Estaba dispuesto a volverse necio por su causa (2 Co. 12:11). Estaba dispuesto a decir cosas impopulares con tanta frecuencia que pasó gran parte de su ministerio en prisión y sufrió azotes por sus creencias. Su pasión por Cristo era tan ardiente que no la podía contener.

La lista de personas que defendieron su fe y creencias podría prolongarse. Muchos mártires de la fe permanecieron firmes ante la adversidad, cada uno de ellos con una historia que los distinguía. Pocos fueron populares o admirados.

Los cristianos muchas veces se sienten incómodos con personas que presentan algunas asperezas. A menudo se sorprenden cuando alguien dice no a lo que ellos perciben es una solicitud perfectamente razonable. Algunos cristianos incluso se sienten conmocionados cuando la gente dice no a una solicitud de servicio, como si estuvieran obligados a aceptar. Pero tal como hemos analizado, muchas veces no es una respuesta responsable.

Juan 15 cuenta la historia de un labrador que poda su viña para que dé más fruto. Lo mismo sucede con nuestra vida.

## Una nueva definición de lo que es ser bueno

*La creatividad en el mundo es,*
*por así decirlo, el octavo día de la creación.*

Nicolas Berdyaev

Muchos de nosotros necesitamos volver a definir lo que es ser un buen cristiano. Los Evangelios nunca nos alientan a ser tímidos, personas blanditas sin opiniones. Hemos creado de manera inexacta a una persona hipotética; la imagen no está arraigada en las Escrituras. Las Escrituras muestran personas que son completamente humanas. Poseen fortaleza, decisión y carácter.

A pesar de todo el énfasis en ser bueno, esa nunca debe ser nuestra primera prioridad en la fe cristiana. Más bien nuestro énfasis debe estar en relacionarnos con Dios y obedecer su llamamiento. Ese llamamiento único puede ser difícil de averiguar, pero podemos descubrirlo si lo buscamos. Elizabeth O'Connor, en su libro titulado *Eighth Day of Creation* [El octavo día de la creación], dice que uno de los roles de la Iglesia es fomentar la creatividad y la liberación de los dones. Agrega que la Iglesia también debe hacernos rendir cuentas de ellos y que podemos participar del gozo de crear.

La creatividad, tal como yo la entiendo, es cuestión de individualidad. La creatividad se pierde cuando tratamos de ser lo mismo, de comportarnos de la misma manera. O'Connor cuenta la conocida historia de Miguel Ángel empujando una enorme piedra por la calle.

Un vecino curioso que se encontraba sentado perezosamente en el pórtico de su casa lo llamó y le preguntó por qué trabajaba tanto en un pedazo de piedra. Se dice que Miguel Ángel contestó: "Porque hay un ángel en esa piedra que quiere salir".[6]

A pesar de que nos asombra el talento de Miguel Ángel, él sencillamente estaba siendo él mismo. Vivió una vida fiel a su llamamiento, tal como usted y yo podemos vivir fieles a nosotros mismos. Ser fieles a nuestro llamamiento es la mejor forma de evitar el agotamiento físico y emocional. Los que se agotan emocionalmente no han estado escuchando el llamamiento de Dios. Los que se enredan con los demás, que emplean todo su tiempo tratando de complacer a otros, no están prestando atención a sus dones.

O'Connor habla de comparar nuestros dones con los dones de otras personas, un mal común de los cristianos.

Para los que nos comparamos con otra persona cabe el mensaje de que no es importante cuántos dones tenga cada uno: si dos o cinco. Un mensaje que vemos en todo el Nuevo Testamento aparece de nuevo en la historia de los talentos: el que pierde su vida la hallará... Esa parábola no dice nada de la igualdad de los dones ni de la igualdad de la distribución, pero promete la misma recompensa para todos: el gozo de ser creador... "...sobre poco has sido fiel, sobre mucho te pondré; entra en el gozo de tu señor" (Mt. 25:21).

¡Qué deleite considerar que podemos disfrutar de bendiciones y felicidad, cosas que todos deseamos, al tiempo que respondemos a nuestro llamamiento. No las encontramos siendo pasivos ni "buenos", sino expresando la singularidad que Dios nos dio. No hemos de procurar la separación, sino la individualidad. Hemos de participar en la comunidad de creyentes pero no hasta el punto de enredarnos. El equilibrio a veces es difícil de encontrar, pero el camino de descubrir nuestros dones especiales seguro nos traerá paz, gozo y una sorpresa interminable.

## Reflexión

La comunidad *koinonia* ha de disfrutar de una participación honesta sin enredarse. Nos atrevemos a acercarnos unos a otros, y a Dios, estableciendo límites saludables, sin temor de que nos devoren. Encontramos la intimidad que alimenta el alma. ¿Cómo le va en la búsqueda del equilibrio?

- ¿Con quién está disfrutando la renovación de amistades en su iglesia? ¿Es la mayoría de sus amistades mutuamente alentadora y fortalecedora?

- Enumere algunos componentes esenciales de la asignación que Dios le dio en la iglesia.

- ¿Se acuerda de alguna época en que tuvo que ponerle un borde a uno de sus límites? ¿Cuál fue el resultado?

- ¿Necesita alguno de sus límites bordes más filosos ahora mismo?

# Capítulo once

# Lo que Dios cree perfecto para usted

*Hay que poder vivir consigo mismo al menos de una manera razonable antes de poder vivir con su pareja. Debe haber cierta autoestima antes de que pueda esperar que otras personas le valoren mucho.*

THORDOR REIK

Su oferta de permitirme hospedarme en su casa era una propuesta interesante. Yo había considerado hallar un lugar para hospedarme en la ciudad vecina, ya que estaba viajando entre oficinas y los cientos de kilómetros de autopista me estaban cansando. Sin embargo, alojarme con otra persona me ponía un poco nervioso. Vivir en la casa de alguien, aunque fuera por una noche a la semana, es ser vulnerable. Ellos pueden ver la vida de uno y uno la de ellos. Las idiosincrasias estaban destinadas a encontrarse y causar agitación.

Sara había sido una editora excelente de mi trabajo. En ese momento tenía 75 años y se había jubilado del oficio de maestra. Aún se deleitaba no solo en editar, sino también en enseñarme a escribir. Sara decía: "David, debes mostrar, no decir. Habla con el corazón, no con la cabeza. Deja que tus lectores te toquen. Participa con ellos. Ámalos. Escríbeles". Su pasión era contagiosa. Cuando me preguntaba si alguna vez podía llegar a ser escritor, ella me animaba con firmeza y gentileza para que siguiera adelante.

De vez en cuando, Sara me castigaba, a veces en persona pero muchas veces en los márgenes de mis manuscritos. Había tinta roja en el papel. "Puedes escribir mejor, David. ¡Venga! Te estás repitiendo mucho. Suenas demasiado frío. Has perdido el corazón". Cuando repasaba su crítica, ella se disculpaba. "Perdona que haya sido tan dura contigo —decía—. No tenía derecho a regañarte. Estás escribiendo bien".

Sus palabras eran como un aguijón. Tal vez yo no tenga madera de escritor, me decía a mí mismo. La gente verá a través de mis palabras y se dará cuenta de que soy un mero psicólogo disfrazado de escritor. Aún así, ella seguía insistiendo en que yo tenía una historia que contar y quería asegurarse de que lo hiciera.

En medio de una conversación sobre uno de mis proyectos, Sara me dijo que estaba buscando a alguien a quien alquilarle una habitación.

"¿Por qué quiere alquilar una habitación?" —pregunté.

"Pues, esta casa es demasiado grande para mí sola y me gustaría tener compañía. Me siento sola desde que mi esposo falleció y mis hijos se fueron hace mucho tiempo".

Hizo una pausa y me miró con un guiño en los ojos.

"Además, me caería bien el dinero extra". Su guiño se convirtió en una sonrisa completa.

"Sí, claro. Lo tendré en cuenta".

Nunca pensé que yo sería el que respondería a su búsqueda. Tenía una casa cómoda y disfrutaba mi privacidad. El solo pensar en hacer concesiones sobre mi privacidad me ponía ansioso. Sin embargo, a medida que pasaron las semanas y los meses, consideré los beneficios de acortar mi día de trabajo hospedándome en su casa una noche a la semana.

Sonaba bien, pero yo seguía preocupado por algunas cosas. ¿Qué pensarían los demás? ¿Podría yo compartir partes de mi vida privada con alguien como Sara? ¿Acaso era ella demasiado directa para mi gusto? ¿Qué haría si llegábamos a un acuerdo y luego descubría que había sido un error? Todas esas preguntas, y otras, me perturbaban. Esperé, oré y consideré la propuesta. Decidí dar el paso. Tomé el teléfono y llamé.

"Sara, conozco a alguien que desea alquilarte una habitación una noche a la semana".

"Fantástico —dijo—. ¿Quién es?

"¡Yo!"

"¿En serio? —dijo ella sorprendida—. Estoy encantada".

Pasamos los próximos 30 minutos repasando los detalles de nuestro acuerdo. Le expliqué cuál noche sería y hablamos del costo y de cómo yo podía obtener un juego de llaves. Ella describió la habitación, mi acceso a su sala y biblioteca y el uso de la televisión. Estaba todo arreglado.

Después de llegar a un acuerdo, inmediatamente empecé a dudar de mi decisión. Sara era una amiga excelente pero yo sabía que ella decía lo que pensaba sin tapujos. Su contrato conmigo era firme, decisivo. Ella conocía sus límites y tenían bordes. ¿Cómo iba yo a lidiar con alguien tan segura de sí misma?

Los siguientes dos años fueron una experiencia maravillosa para mí. Cuando miro atrás veo que la mano de Dios me estaba guiando cuando me debatía con la posibilidad de hospedarme en aquella habitación. Lo que Dios hace muchas veces se ve más claramente en el espejo retrovisor.

Comprobé la dirección, me estacioné frente a una casa modesta con un gran abeto en medio del jardín. El jardín estaba repleto de lirios, narcisos y una hermosa flor morada que ella luego me dijo cómo se llamaba. Toqué a su puerta con timidez. Ella me saludó con mucho entusiasmo.

"David, ¡qué gusto verte! Entra. La cama tiene sábanas limpias y hay flores frescas sobre el tocador. Ven para que conversemos un rato después que coloques tus cosas".

Yo temblaba con el nerviosismo de un adolescente. No había compartido una casa con nadie durante 30 años. No sabía bien cómo comportarme en una casa que no era la mía, aunque ella me aseguró que debía sentirme completamente como en casa.

Sara me ofreció una taza de té, la cual acepté con gusto después de un largo día en el consultorio. Me senté en uno de los sillones y procedí a conversar durante la siguiente hora. Aquella fue la primera de muchas conversaciones que tuvimos durante los siguientes dos años. Durante el tiempo que pasamos juntos compartimos muchas luchas personales y nos ofrecimos aliento mutuamente así como consejos y compasión. También pusimos en práctica lo que es poner límites.

Cuando medito en el tiempo que pasamos juntos, me siento agradecido por ello. Aprecio a Sara por muchas razones. Ella tiene varias cualidades que para mí son muy importantes. En primer lugar, me ofreció hospitalidad. Me brindó no solo su hogar, sino también su corazón. Estuvo dispuesta a participar en mi vida. Además, Sara era decidida, con límites claros en lo que era tolerable. Me hizo saber lo que apreciaba, lo que la molestaba y lo que esperaba. Cuando no le hice saber que no iría una noche, me dijo que se había preocupado innecesariamente y le molestó mi falta de cortesía. Por último, Sara me dio el ejemplo de alguien que tomaba decisiones claras, bien pensadas para mejorar su vida. Ella escuchaba su corazón y podía llegar a decisiones significativas. Era una mujer fuerte, decidida y al mismo tiempo sensible.

Con todas sus debilidades, Sara era una mujer extraordinaria y encantadora. Había hecho su trabajo interior. Había descubierto los trozos perdidos de su vida y logró comunicarme eso y contribuir a mi proceso sanador. Me alentaba, mediante mis escritos, a descubrir partes de mí que yo había dejado atrás.

## La vida es una travesía

Todos estamos embarcados en una trayectoria de descubrimiento, parte del proceso interminable de convertirnos en la persona que hemos de ser. Yo me siento tentado, como tal vez se sienta usted, a mirar a algunas personas y admirarlas e imaginar que han logrado lo que quieren. Yo sé que eso no es verdad y me anima saber que aquellos a quienes considero un ejemplo todavía están tratando de encontrar el camino.

Joan Anderson era una mujer que había perdido poco a poco partes de sí misma en su matrimonio de 20 años. Madre de dos hijos, descubrió que se sentía cada vez más inquieta en su relación. Finalmente decidió tomarse un sabático, un año lejos de su matrimonio, su casa, su trabajo y todo a lo que había estado apegada en un esfuerzo por "encontrarse a sí misma".

El resultado de su drástico año de partida es un libro maravilloso titulado *A Year by the Sea: Thoughts of an Unfinished Woman* [Un año junto al mar: Reflexiones de una mujer inacabada]. Un libro escrito por una mujer inacabada dedicado a "mi ejemplo y mejor amiga — mi madre maravillosamente inacabada— quien sigue evolucionando y trascendiendo". El libro es refrescante, en buena parte porque ella no pasa tiempo culpando a su esposo de su propia infelicidad. La historia de Joan está repleta de ejemplos de haberse perdido, poquito a poco, en un intento de agradar a los demás. Al final, ella no culpa a nadie, ni siquiera a sí misma, pero se va con una clara comprensión de los problemas que causaron su insatisfacción.

El intenso período de reflexión le dio un discernimiento que vale la pena mencionar aquí porque, hasta cierto punto, se aplica a todos nosotros:

> Para la mayoría de las mujeres a quienes conozco, es difícil expresar lo que quieren porque se han acostumbrado a querer solamente lo que tienen disponible. Al menos yo estoy comenzando a ver lo que ya no quiero: cosas como hacerles la vida agradable a los demás mientras abandono mis propios deseos, o escribir el guión del último acto de nuestro matrimonio sin la participación de mi esposo.[1]

Joan pasó mucho tiempo angustiada antes de llegar a su punto de ebullición. Había pasado años prisionera de una necesidad de ser perfecta. Se esforzó muchísimo para ser suficiente en su matrimonio, en su trabajo y en sus amistades. Se sentía obligada a hacer hasta lo imposible por su patrono, sentía que tenía que dar cada vez más a su esposo para que él estuviera contento, sentía que, a menos que fuera la madre perfecta para sus hijos, fracasaría. Al final, el precio resultó demasiado alto. Para salvarse a sí misma y a las personas a quienes amaba, tuvo que dejar lo conocido y dirigirse a territorios inexplorados.

Tenemos tanto temor como curiosidad por el aspecto salvaje que hay en nosotros. La mayoría de nosotros no se aventura a los lugares oscuros de nuestra vida, pero eso no nos impide preguntarnos qué habrá allá. "Nunca se es libre de hacer lo que uno quiera si permanece en territorio conocido".

Joan finalmente se desvinculó y fue a la búsqueda de lo que le faltaba.

## Cómo encontrar las partes perdidas

Tal vez usted, al igual que Joan, ha perdido partes de su persona en su familia, matrimonio, iglesia o trabajo y necesita recuperarlas. La recuperación de cualquier cosa es un proceso. El primer paso tiene que ver con reflexión y tiempo apartado para volver a descubrir las partes de usted que se han perdido. Una vez descubiertas, se pueden recuperar. Alguien dijo: "Nunca es demasiado tarde para tener una niñez feliz". Lo mismo se puede decir del matrimonio. Nunca es demasiado tarde para tener un matrimonio feliz. Sin embargo, un elemento esencial es decidir lo que hay que redescubrir.

Mientras comienza el proceso de descubrir qué partes de usted se han perdido y reclamar la persona perfecta que Dios quiere que usted sea, considere los siguientes ocho elementos importantes. Tenga en cuenta que cuando hablo de "la persona perfecta que Dios quiere que usted sea" no quiero decir que usted debe ser más de lo que es para ser perfecto. Esos pasos son sencillamente herramientas para ayudarle a redescubrir partes de usted que tal vez haya dejado atrás en su travesía.

### Lugar

Su ambiente puede ayudarle o estorbar sus esfuerzos de reflexionar en lo que falta en su vida. Yo creo que hay lugares que tienen la capacidad de aquietar el espíritu y ayudarnos a escuchar más eficazmente los latidos de nuestro corazón y del corazón de Dios.

No es por casualidad que vivo cerca del agua. En mi cabaña isleña, puedo reflexionar en mi vida y en lo que Dios quiere para mí. El agua tiene un significado espiritual para mí, así como puede que haya un lugar en concreto que sea sagrado para usted. ¿Sabe usted qué clase de lugar parece permitirle escucharse a sí mismo y a Dios? ¿Es junto a una playa aislada, la senda de una montaña, un jardín exuberante, el saliente de una roca, una habitación privada para leer, un baño caliente? Independientemente del sitio, todos necesitamos ser conscientes de que el lugar puede ser un elemento importante de nuestra travesía. Saber eso puede ser un primer paso esencial para entender lo que se ha perdido.

### Soledad

Es posible que algunos de ustedes se sientan atemorizados ante el pensamiento de estar solos sin televisión, niños, llamadas telefónicas que le distraigan. La soledad es uno de los tesoros de oro que nuestra sociedad casi ha perdido.

Una de mis imágenes preferidas de Cristo es la de Él retirándose de las multitudes para estar solo en descanso, oración y compañía con el Padre. Cuando estoy súper ocupado, acosado y preocupado, pienso en Cristo buscando soledad. ¿Necesitamos más permiso para tomar tiempo para recrearnos que el que Cristo se dio a sí mismo?

Anthony Storr, en su libro titulado *Solitude: A Return to the Self* [Soledad: Regreso al yo], trata de comunicar la importancia de pasar tiempo solo, y señala que "los cambios de actitud se facilitan con la soledad y a menudo con el cambio de ambiente también. Eso es porque las actitudes y la conducta habituales suelen recibir refuerzo de circunstancias externas".[2]

El salmista nos exhorta a estar a solas con Dios. "El que habita al abrigo del Altísimo morará bajo la sombra del Omnipotente. Diré yo a Jehová: Esperanza mía, y castillo mío; mi Dios, en quien confiaré" (Sal. 91:1-2).

### Tiempo

El tiempo es un producto preciado que todos recibimos en iguales cantidades. Muchos de nosotros desperdiciamos el tiempo en cosas que no tienen importancia. Sin embargo, el tiempo que se pasa en oración y reflexión es tiempo bien empleado porque puede revelar mucho.

Lionel Fisher, en su encantador libro sobre su travesía de seis años en el mar titulado *Celebrating Time Alone: Stories of Splendid Solitude* [Celebración de tiempo a solas: Historias de una soledad espléndida], nos exhorta a escapar. Él abraza el tiempo a solas como si fuera una receta para encontrarse a sí mismo. Fisher hace hincapié en que estar a solas por unos momentos no es suficiente. Nos pasamos la vida dando pasos apresurados, uno tras otro. Si aflojamos el paso vemos de verdad qué nos rodea, descubrimos cosas. Sobre su travesía en particular escribe:

> A solas en la playa, las epifanías se producen con mucha frecuencia, en parte porque he tenido mucho tiempo para pensar y en parte porque he estado buscando las respuestas durante largo tiempo... Creo que la soledad hace eso: nos recompensa por apartar tiempo y armarnos de valor para enfrentarnos a nosotros mismos, algo que hay que hacer a solas.[3]

Bernard Berenson, un crítico de arte conocido internacionalmente, hizo el siguiente comentario poco antes de morir a la edad de 94 años: "Con gusto me pararía en las esquinas de las calles, sombrero en mano, rogando a los transeúntes que me echaran en él los minutos que no hubieran utilizado".

### Espacio

Cuando regreso a casa después de un largo día en el consultorio, me siento gratificado al instante con solo mirar el agua. He llegado a un punto en que espero esa reacción cuando llego a casa. Usted deberá pensar en dónde puede crear un espacio privado para reflexionar. Y lo que es más importante, tendrá que pensar en cómo dejar de lado algunas cosas para crear ese lugar especial de respiro.

### Reflexión

Estar solo, en sí mismo, no le ofrecerá ninguna recompensa. Tampoco lo hará el tiempo. Sin embargo, el tiempo que se pasa a solas en reflexión puede producir una recompensa enorme. La reflexión y la meditación son importantes para el alma. El alma exige su propio espacio para respirar.

Salomón, el más sabio de los hombres, comparte las siguientes palabras: "En el día del bien goza del bien; y en el día de la adversidad considera…" (Ec. 7:14). Considere dónde está su vida hoy día y cómo llegó allí. Considere qué partes de usted se han quedado atrás o no se han desarrollado plenamente. Considere que las pruebas por las que está pasando forman parte del plan de Dios para su desarrollo.

Uno de los aspectos de la reflexión es la contemplación. Thomas Merton, en su libro titulado *New Seeds of Contemplation* [Nuevas simientes de contemplación] dice lo siguiente:

> La contemplación es la expresión más elevada de la vida intelectual y espiritual del hombre. Es esa vida misma, plenamente despierta, plenamente viva, plenamente consciente de que está viva. Es una maravilla espiritual. Es un asombro espontáneo de lo sagrada que es la vida, para conocer y para ser.[4]

## Escribir un diario

Escribir un diario es una forma de comunicarnos con nosotros mismos. Con la libertad de compartir lo que es verdad, sin editar nuestros pensamientos, podemos descubrir lo que de verdad pensamos. Lo que puede haber comenzado como un diario frívolo en su juventud se puede convertir ahora en una meditación interna transformadora.

¿Por qué es tan importante para el proceso de descubrimiento escribir un diario? Porque hay muy pocos lugares donde podemos ser brutalmente honestos sobre la manera en que nos sentimos. En las páginas en blanco que tenemos por delante, podemos decirlo tal como es. Podemos usar cualquier lenguaje que encaje en la situación sin temor a reprimendas. Huelga decir que el diario tiene que ser totalmente privado y respetado por su contenido sumamente personal.

## Intención

La intención tiene que ver con la mentalidad. Ser intencional es ser intenso cuando se trata de excavar nuestras riquezas profundamente para encontrar tesoros. En ese caso, los tesoros profundos son pensamientos y sentimientos que son importantes para nosotros.

Son sentimientos que tenemos sobre nuestra vida y sobre lo que tal vez falte en ella. Un fenómeno interesante sucede cuando somos intencionales respecto a descubrir más de nosotros mismos. El famoso psiquiatra C. J. Jung lo llamaba "sincronización". Digamos que usted está pensando seriamente en tomar lecciones de piano cuando su amiga de repente le pregunta si alguna vez ha pensado en tocar el piano. Luego, dos horas después, usted ve un anuncio en el tablero de anuncios del supermercado que ofrece lecciones de piano. O quizá se ha preguntado si debería volver a estudiar cuando encuentra en la pila de correspondencia un catálogo de cursos que ofrece la universidad local.

> *La casualidad no existe, y lo que a nosotros*
> *nos parece un puro accidente brota*
> *de la fuente más profunda del destino.*
>
> JOHANN VON SCHILLER[5]

En el popular y gracioso cuento de Paulo Coehlo titulado *El alquimista*, Santiago emprende un viaje como joven que literalmente persigue sus sueños. Se encuentra con una persona que lee la palma de la mano, el rey de Salem, un mercader de cristales y otras personas que lo ayudan a comprender adónde lo dirigen sus sueños. Lo único que él sabe es que debe ser intencional en perseguirlos. Sabe que si los persigue, seguro que encontrará su tesoro. Aunque sus viajes en pos de sus sueños lo llevan por tormentas del desierto y confrontaciones con ladrones y estafadores, sigue implacable. Dice adiós a una hermosa joven para continuar su viaje. Nada lo detiene de su búsqueda. Santiago llega a creer que "cuando uno quiere algo, el mundo entero conspira para ayudarte a lograrlo". Sin embargo, debemos arrancar y resistirnos a apartarnos de nuestra finalidad por causa de los abastecedores de la distracción y el oro de los necios. Estamos buscando oro puro.

En su singular y cautivador libro titulado *When God Winks* [Cuando Dios guiña el ojo], Squire Rushnell ofrece otra forma de explicar las encantadoras circunstancias de nuestra vida. Dice que Dios está obrando, guiñándonos el ojo, tocándonos con el codo todo el día para guiarnos hacia nuestro destino. Hace varias promesas:

- Estamos bajo la influencia de un sistema de guía cósmico (Dios) y todos los días recibimos toquecitos con el codo que nos mantienen en nuestro sendero escogido.

- Llevar la pista de las circunstancias de nuestra vida crea un relato asombrosamente lúcido de nuestra vida al tiempo que aclara las grandiosas posibilidades que hay por delante.

- Tenemos que aprender a aprovechar el poder de las coincidencias para enriquecer nuestro futuro y fortalecer nuestras convicciones internas de que las sendas de la vida que hemos escogido son real y efectivamente los caminos correctos para nosotros.

- Veremos que las coincidencias suceden por una razón, una de las cuales es mostrarnos que no estamos solos.[6]

### Responsabilidad

Ande por el camino de descubrimiento con otras personas que tengan la intención de volver a descubrir y reclamar las partes que han perdido. Sin la mirada vigilante de un amigo solícito se puede distraer fácilmente o engañarse pensando que va por buen camino cuando en realidad está perdido. Otras personas que han pasado tiempo en meditación y a solas podrán proporcionarle la perspectiva esencial durante esos momentos. Los amigos que tienen una intención y propósito similar a los suyos pueden ser muy útiles.

## Adicción y gracia

Durante nuestra travesía juntos, nuestro foco no está sólo en las piezas que faltan que se han perdido, sino también en las heridas sufridas en la peregrinación. Esas cicatrices y heridas nos estimulan a buscar sanidad y libertad, los cuales son posibles en Cristo. Cristo nos encontrará en el lugar más profundo de nuestras heridas y nos sanará. ¿Por qué? Porque ese es el corazón de Cristo, llevar esperanza y sanidad a un mundo perdido y que perece. ¿Quién de entre nosotros no desea que el Gran Sanador le toque en el lugar más profundo de los dolores ocultos? Eso se logra por medio de la gracia. No se necesita desempeño para recibir una dosis abundante de amor y un bálsamo para nuestras heridas. Es gratis, solo hay que pedirlo. Es, a mi modo de ver, demasiado bueno para ser verdad.

Como si eso no fuera suficiente, no tenemos que ser perfectos para acudir a Cristo y pedirle su gracia para que nos ayude en tiempo de necesidad. Él conoce nuestras adicciones. Sabe que hemos empleado demasiada energía tratando de ser todas las cosas para todo el mundo. Sabe que nos hemos inclinado ante los ídolos de las posesiones, el poder y las relaciones. Muchas veces nos hemos apegado demasiado a ellas, y ahora controlan nuestra vida. Igual que los adictos a la cocaína o los apostadores que persiguen sin esperanza el próximo gran premio, nosotros también necesitamos acabar con el yugo de nuestras adicciones. Igual que la persona adicta a las relaciones que no puede liberarse de la necesidad de procurar la aprobación de los demás, nosotros también necesitamos ver cómo podemos procurar la afirmación de los demás a nuestra costa. Pero ¿cómo se hace eso?

Catalina me contó cómo quedó atrapada por los tres ídolos: poder, posesiones y relaciones. Después de una breve, pero intensa reflexión y práctica con las herramientas de autodescubrimiento, pudo examinar su vida de manera crítica. No le gustó lo que vio.

A medida que he creado tiempo y espacio para meditar y reflexionar en mi vida, me doy cuenta de que he estado demasiado apegada a muchas cosas. Cuando criábamos a nuestros hijos yo quería garantizar que ellos tuvieran todo lo que fuera posible. Eso era para compensar lo que yo creía que mis padres no me dieron a mí. Por tanto, los niños obtenían todo lo que querían. Eran los niños mejor vestidos de la escuela. ¿Y en cuanto a posesiones? Yo trabajaba mucho y mi esposo también para garantizar que tuviéramos los autos más modernos. Me encantaba llegar al estadio de béisbol en un vehículo deportivo nuevo y que los niños estuvieran orgullosos de nuestros logros. Era muy distinto al auto viejo que mi mamá usaba para llevarnos a nuestras prácticas de deportes. Yo me prometí a mí misma que mis hijos nunca tendrían que avergonzarse.

Cuando se trata de las relaciones, trabajaba tiempo extra para asegurarme de que todo el mundo en la iglesia me quisiera. Yo era la presidenta del grupo "Madres de preescolares", secretaria de la Asociación de Padres y Maestros, miembro de la junta del cuerpo auxiliar femenino. Lavaba y planchaba la ropa de mis hijos, me ocupaba de las exigencias de mi esposo y hacía caso omiso de lo que yo podía necesitar. Esfuerzo, esfuerzo y más esfuerzo. Esa era la consigna, y todo para tapar mis inseguridades.

Ahora miro atrás y lloro. Me agoté y, ¿para qué? Era una forma de "cristianismo por obras". Yo quería ser la mejor, hacer más que nadie y demostrar que era digna. Nunca aparté tiempo para ver por qué me esforzaba tanto.

Catalina lloraba por los años perdidos de su vida, años en los que en realidad no estaba presente para sus amigos, familia ni para ella misma. Estaba tan ocupada demostrando su capacidad que nunca se tomó el tiempo para examinar su corazón profundamente. Se afligía por el dolor que todavía sentía pues sabía que todo lo que "hacía" era improductivo. No había trabajo que pudiera hacerla sentir que era alguien. Esa sensación de valor y serenidad viene de muy adentro y de una relación con Dios en la cual entendemos nuestra verdadera valía en relación con Él.

Con el tiempo, Catalina comenzó a sacar los clavos de sus apegos al poder, las posesiones y las relaciones. Esos clavos la mantenían desempeñándose cuando lo que ella anhelaba era gracia. Estaban clavados muy profundamente y no salían fácilmente. Pero a la larga escuchó los chirridos cuando los clavos comenzaron a aflojarse. Respiró hondo y sintió el gozo de acabar con las cosas que habían dominado su vida. ¡Finalmente era libre!

## Cómo recuperar su yo perdido

De una u otra forma, la mayoría de nosotros ha perdido partes importantes de nosotros en el camino. A mí me ha sucedido. El "sueño de la salamandra" que tuve hace varios años ilustraba eso claramente.

Yo había estado trabajando en exceso; pasaba largas horas en el consultorio y tomaba poco tiempo para disfrutar de mis pasatiempos de cortar leña, navegar en velero y hacer cositas en la casa. Pasaba demasiado tiempo vestido de traje y corbata.

En mi sueño me veía viviendo en una cabaña destartalada en el bosque. Me había crecido la barba y tenía las uñas sucias. Mientras me encontraba ocupado afilando mi sierra de cadena y deleitándome en que sabía cortar leña, noté una salamandra que corría por mi camino. Puse la sierra en el suelo y vi que la salamandra desapareció rápidamente metiéndose en un tronco de leña. Comencé a buscar a la criatura por el abeto hueco. Desperté entristecido porque no la había encontrado.

¿Cuál era el tono y el mensaje de mi sueño? ¿Deleite por estar desaliñado y sucio, en contacto con la naturaleza y haciendo algunas de las cosas que sabía hacer mejor? ¿Tristeza porque no encontré la salamandra que representaba algo que yo estaba buscando?

¿Qué anhelaba yo? Quería más tiempo libre para ensuciarme y cortar leña, algo que siempre me ha llevado de nuevo a un trabajo sano con la tierra. La salamandra representaba el paisaje cambiante de la naturaleza y cómo se alejaba de mí. Había mucho en mi vida que yo no veía a causa de mi apego al poder y las posesiones.

Después de ese sueño decidí reducir mis horas de trabajo en el consultorio y apartar tiempo para hacer las cosas que realmente disfrutaba. Decidí que necesitaba más tiempo para ponerme mis ropas raídas y entrar en contacto con la naturaleza. Mi lado profesional no era la única parte de mí que necesitaba expresarse. El lado espiritual también necesitaba atención.

¿Qué sueños tiene usted repetidamente? ¿Qué parte de usted se ha quedado atrás que anhela que la expresen? ¿Qué sueña despierto que le recuerda que hay que hacer algo porque es una parte central de su personalidad?

## Una búsqueda de corazón

Otra herramienta que se puede usar para recuperar su yo perdido se llama "búsqueda de corazón". Esa técnica fue elaborada por Robert Wicks y aparece en su libro titulado *Touching the Holy* [Toque de lo sagrado].[7] Wicks sugiere cuatro pasos para descubrir dones que usted puede haber dejado atrás. En primer lugar, sugiere que escriba cuáles cree que son los dones que Dios le dio, sobre todo aquellos por los que da gracias y que pueden haberle dado gozo en algún momento. Segundo, pídales a amigos en quienes confíe que le digan lo que les gusta de usted y cuáles creen ellos que son sus dones. En tercer lugar, fíjese a ver si la lista tiene un denominador común evidente. ¿Se puede expresar con una sola palabra o nombre? Por último, busque en las Escrituras un personaje que tenga un tema similar al suyo. ¿Quién podría ser su ejemplo? Entonces es cuando viene la "búsqueda de corazón".

Busque un lugar tranquilo y relajado y respire profundamente. Imagínese que es la persona que tiene esa palabra, ese "nombre" que ha encontrado para usted. Imagínese que conoce personas y hace cosas durante el día en calidad de alguien que de verdad ha aceptado ese estilo de relacionarse con los demás. ¿Qué le hace sentir eso? ¿Hay alguna parte en ese ejercicio que le avive o le recuerde alguna habilidad o don que no haya usado en algún tiempo? Busque una forma, aunque sea sencilla, de usarlo otra vez y observe cómo se siente.

Hay muchas otras formas de explorar las partes de usted que le faltan.

- Pase un fin de semana en un centro de retiro en silencio, escribiendo lo que le venga a la mente.

- Permítase el lujo de un tratamiento o masaje en un spa y sea consciente de nuevos sentimientos en su cuerpo.

- Programe tiempo para pasar con un director espiritual compartiendo el movimiento de su vida espiritual.

- Escriba en un diario durante al menos un mes y anote lo que sea que le venga a la mente y observe si hay patrones.

- Lleve a un amigo o amiga a almorzar y cuéntele sus deseos para el futuro.

- Practique la oración de una forma diferente, como por ejemplo, una oración guiada.

- Medite en uno o dos versículos de los Salmos.

- Salga a dar un paseo al aire libre. Mire, escuche y toque algunas de las plantas.

- Pase al menos 30 minutos en silencio. Observe su respiración y sus pensamientos.

Esas son solamente algunas de las formas en que puede escuchar a su cuerpo, mente y alma y ser más consciente de lo que necesita reclamar en su vida. También se volverá más consciente de lo que *no* se ha perdido. Percibirá lo que marcha bien en su vida y cómo, al menos de alguna forma, es posible que ya esté siguiendo su llamamiento verdadero.

## La perspectiva de Dios de su yo perfecto

Hemos explorado áreas en las cuales puede que usted se sienta imperfecto y hemos examinado partes de usted que se han quedado atrás. Recuerde que, a los ojos de Dios, usted ya es perfecto. No se ha quedado nada atrás. Dios valora todas las experiencias, cada una de las partes que lo conforman. "Y sabemos que a los que aman a Dios, todas las cosas les ayudan a bien…" (Ro. 8:28). No es necesario añadir nada a lo que usted es para ser más agradable y aceptable. ¿No es eso maravilloso? Tal vez no sea la persona que desea ser, pero ahora mismo cuenta con el favor de Dios. Él está de su lado y desea lo mejor para usted.

Además de alentarle y desear lo mejor para usted, Dios se deleita en su singularidad. No quiere que usted sea como los demás. La conformidad a este mundo, y a los que viven en él, no es lo que Dios desea para usted (Ro. 12:2). Usted es único en su clase. Escuche lo que dice el salmista:

Te alabaré; porque formidables, maravillosas son tus obras; estoy maravillado, y mi alma lo sabe muy bien. No fue encubierto de ti mi cuerpo, bien que en oculto fui formado, y entretejido en lo más profundo de la tierra. Mi embrión vieron tus ojos, y en tu libro estaban escritas todas aquellas cosas que fueron luego formadas, sin faltar una de ellas (Sal. 139:14-16).

Piense en algunas de las otras maneras en que Dios le ve:

- Usted es hijo de Dios (Jn. 1:12)

- Usted es amigo de Cristo (Jn. 15:15)

- Usted está unido con el Señor (1 Co. 6:17)

- Usted es un santo (Ef. 1:1)

- Usted ha sido redimido y perdonado (Col. 1:14)

- Usted está completo en Cristo (Col. 2:10)

Dios no quiere que usted transija en lo que es ni se pierda tratando de agradar a los demás. Dios se deleita en su individualidad y desea que usted exprese sus dones creativos, los cuales Él sabe también le deleitarán a usted.

A medida que nos acercamos al final de este libro, echemos un vistazo a algunos pasos prácticos adicionales que puede dar para experimentar la persona perfecta que debe ser.

## Cómo ser la persona perfecta que debe ser

Tal vez la característica más importante de una vida sana, además de una fe espiritual madura, sea una red de relaciones sólidas y maduras con otras personas. Nuestras relaciones son un espejo preciso de cómo nos va emocionalmente. Con ese fin debemos dedicar tiempo y atención a la manera en que nos relacionamos con los demás. Eso no debe interpretarse mal como una necesidad de agradar a otros. Ya sabemos que esa es una ilusión engañosa que solamente nos atrapará y nos hará prisioneros de un patrón que será nuestra propia perdición. Más bien debemos aprender a ser personas individuales primero, y luego amigos y amantes saludables.

Yo tengo una deuda con Pia Melody, pionera en el movimiento de la codependencia, por su muy influyente obra en este campo. En su libro titulado *Facing Love Addition* [Cómo hacer frente a la adicción al amor], ella comparte valiosas reflexiones que muchos de nosotros necesitamos para realinear nuestras relaciones. Ofrece nueve características de una relación saludable que creo vale la pena usar para evaluar sus relaciones.[8]

En primer lugar, señala que cada pareja debe ver a la otra persona de una manera realista. Pia afirma: "Ninguno de los dos resta importancia ni niega quién es su pareja, ni tampoco oculta su propia realidad de su pareja". En esa sencilla explicación uno nota la importancia de ser veraz, de pedir lo que uno necesita y de no aferrarse al resultado. Uno reconoce la imperfección en los demás y no espera que ellos satisfagan todas nuestras necesidades. Cuando sucede la extralimitación ocasional, uno lidia con ella directamente y con aplomo.

En segundo lugar, cada integrante de la pareja asume la responsabilidad del crecimiento personal. Melody sugiere que ambos deben participar en algún tipo de proceso de recuperación y crecimiento. Uno practica la valoración de uno mismo y no espera que la pareja siempre le vaya a hacer sentir bien. Uno practica el establecimiento de límites saludables y alienta a la pareja a hacer lo mismo.

En tercer lugar, cada integrante de la pareja asume la responsabilidad de permanecer en un estado de ego adulto. "Las personas saludables tienen emociones adultas maduras acerca de los acontecimientos actuales y reconocen que su manera de pensar crea sentimientos que se corresponden con esas emociones". En el estado de ego adulto, uno comunica claramente y evita representar sentimientos infantiles.

Cuarto, cada integrante de la pareja debe concentrarse en las soluciones a los problemas. Uno reconoce que los problemas forman parte de la vida y los enfoca decidiendo cuál es la manera más eficaz de resolverlos. Puesto que ninguno de los dos tiene que estar en lo cierto, uno trabaja para buscar soluciones en las que ambos ganen.

No se debe caer en el hábito fácil de culpar a la otra persona ni decirle que está equivocado. Uno se da cuenta de que eso conduce rápidamente a un círculo negativo que produce ira y resentimiento.

En el trabajo que realizo con parejas me asombro al ver cuánta energía emplean para culparse mutuamente. "¿Por qué hiciste eso?" —podría uno decir— o "No deberías hacer eso nunca". Eso solamente crea resentimiento en los demás y raras veces conduce a la resolución de problemas.

En quinto lugar, cada integrante de la pareja puede ser íntimo y apoyar a la otra persona una cantidad de tiempo razonable. "Cuando uno de ustedes expresa necesidades y deseos, el otro puede servir de respaldo tanto como sea posible sin sacrificar su propia atención y sin hacer el trabajo de la pareja".

En sexto lugar, tome decisiones a favor de usted mismo y actúe porque quiere cuidarse a sí mismo y no para castigar a alguien por no cuidar de usted, por no respetarle, por hacerle daño. "Cuando deje de proyectar tanto los sentimientos que niega, puede llegar a darse cuenta de que las acciones de otra persona que a usted le caían mal, a menudo tenían la intención de cuidarlo a él o a ella y no de hacerle daño a usted en absoluto".

Muchas veces reaccionamos de una manera negativa y codependiente cuando los demás no satisfacen nuestras expectativas. Eso no quiere decir que debamos vivir aislados de nuestro cónyuge, sino que no debemos tener demasiadas expectativas. De esa forma, si no se cumplen, podemos evitar tomarnos las cosas a título personal. Evidentemente, eso no es tan fácil como suena.

En séptimo lugar, cada integrante de la pareja puede negociar y aceptar un arreglo. En este caso se abandonan las luchas de poder. Usted no tiene por qué tener siempre la razón. Así evita pretender ser Dios, incluso cuando desistir sea sumamente difícil. Usted sabe, en lo profundo de su corazón, que no tiene que señalar cada pequeño error que su pareja cometa y hacerlo, por supuesto, no hace nada para crear buena voluntad. Cuando uno actúa a partir de la abundancia y no de la escasez, la transigencia no se percibe como si nos estuvieran arrancando algo.

En octavo lugar, cada persona por lo general puede disfrutar de su pareja a pesar de las diferencias que haya entre ellos. Con la práctica, usted podrá concentrarse en lo que le gusta y disfruta de su pareja, incluso si tiene que lidiar con rasgos que no son muy agradables. Cuanto mejor se cuide usted mismo, más cómodo se sentirá permitiendo que su pareja sea como es.

En noveno lugar, cada integrante de la pareja puede comunicar simple y directamente. Eso se traduce en decir la verdad con tacto. Cada integrante de la pareja asume la responsabilidad de hacer afirmaciones claras y directas respecto a las necesidades de intimidad y apoyo. Sin culpar a su pareja de sus sentimientos, podrá afirmar cómo se siente en cualquier momento determinado y asumir las responsabilidad de esos sentimientos.

Esas son herramientas poderosas pero solo si estamos dispuestos a usarlas y aplicarlas. Si se quedan en la caja de herramientas sirven para muy poco. A medida que usted repase la lista, ¿ve alguna que desee comenzar a practicar de inmediato?

## Cómo reunir las piezas

Separados pero iguales. Compartir sin culpar. Establecer límites sin ser ásperos al respecto. Respetar el derecho que tiene su pareja a pensar de forma distinta. Cuidarse sin perderse en el cuidado de los demás. Decir no. Decir sí. Ser perfecto sin ser perfeccionista.

Este es el momento de reunir las piezas y practicar las cosas de las que hemos estado hablando en este libro. Estos principios tienen el poder de revolucionar vidas perturbadas. Establecer límites saludables y reducir al mínimo las acciones codependientes son herramientas sumamente potentes. Si uno pone los principios en práctica habrá avanzado mucho en la búsqueda de la paz en sus relaciones y en todos los aspectos de su vida.

Recuérdese a usted mismo que un paso a la vez es suficiente. Las listas que le he ofrecido pueden ser abrumadoras y no realistas si usted espera poner en práctica cada uno de los puntos. Pero puede probar uno o dos a la vez y evaluar los resultados.

María vino a verme hace varias semanas después de practicar algunos de los principios que hay en este libro. Se quedó impresionada con los resultados:

Debo admitir que me avergüenza la forma en que me he estado comportando en mi matrimonio. He estado actuando de maneras que han hecho que Arturo se aleje de mí. La verdad es que nunca aprendí a compartir mis sentimientos con él y siempre esperé que me leyera la mente y supiera lo que yo necesitaba. Cuando no respondía, yo me alejaba emocional y físicamente. Eso nos ha herido a los dos y ha herido nuestra relación. Ahora comprendo lo que tengo que hacer para resolver este problema.

Teresa me contó lo siguiente:

Daba demasiado tiempo a la iglesia. Trabajaba de voluntaria en la guardería, daba clases de escuela dominical, tenía un trabajo a tiempo completo y llegaba a la casa por la noche exhausta. Diego me pedía constantemente que hiciera menos, pero yo estaba alimentando viejos problemas de autoestima con mis actividades excesivas. Ahora pido lo que necesito, he aprendido a decir no más a menudo y nos va mejor que nunca a los dos.

Sandra me dijo que había estado enojada con su esposo. Él no había respondido a sus solicitudes de cambios. Sandra decidió que lo único que podía hacer era pedir el cambio y entonces desprenderse del resultado. Se negaba a involucrarse con él en las luchas sobre su conducta. Notaba que cuanto más se centraba en expresar sus expectativas claramente, y luego se alejaba y no decía nada más, más cambiaba él.

Tal vez usted pueda ver partes de sí mismo en cada una de esas mujeres. La mayoría de nosotros reconoce tendencias a decir sí cuando queremos decir no. Nos vemos sintiéndonos culpables por cosas que no nos atañen. Nos esforzamos hasta el punto en que nos quebramos tratando de garantizar que nadie esté inconforme con nosotros. Sin embargo, ahora sabemos que ese no es el plan de Dios para nuestra vida. Cuidarse uno mismo no se puede confundir con ser egoísta. De hecho, la atención propia es una de las formas más elevadas de madurez.

Cada una de nuestras historias es ligeramente distinta. Su mundo y el mío no son exactamente iguales. Sin embargo, la mayoría de nosotros tiene áreas de mejora en las que debemos avanzar, paso a paso, momento a momento. Con la ayuda de Dios, el camino se hace más fácil.

A medida que avanza en su búsqueda emocional y espiritual, espero que este libro le sirva de trampolín y le señale una dirección más sana. Usted es una persona preciada. ¡Dios le bendiga en su travesía!

## Reflexión

Este libro trata de encontrar y afirmar su verdadero yo. Trata de redescubrir la maravilla de ser usted mismo. Espero que en su recorrido por el libro se haya sentido alentado a reclamar su yo oculto, su yo perdido, y tal vez incluso algunas partes de usted que no ha descubierto. Aparte un momento para:

- defender a la persona que Dios creó en usted

- reclamar cada uno de sus dones y habilidades creativos

- escuchar la suave voz de su interior que le llama pidiendo reconocimiento, esa parte de usted que sueña con más

- acordar con usted mismo que continuará la trayectoria de alentarse a sí mismo para crecer hasta llegar a ser todo lo que Dios quiere que sea.

# Prueba de codependencia

Instrucciones: conteste las siguientes preguntas determinando si son falsas o verdaderas. Al usar algunas de las ideas del libro junto con la prueba podrá valorar si tiene o no el problema de querer agradar a los demás. Estos rasgos de codependencia se han adaptado del libro de Pia Melody titulado *Facing Love Addiction*.[1]

1. Tengo la tendencia de decir a los demás quiénes deben ser.
   ❏ Verdadero
   ❏ Falso

2. Permito que los demás me digan quién debo ser yo y trato de conformarme a sus expectativas.
   ❏ Verdadero
   ❏ Falso

3. Tiendo a sentir resentimiento y acumulo enojo.
   ❏ Verdadero
   ❏ Falso

4. Pierdo autoestima cuando la gente me critica.
   ❏ Verdadero
   ❏ Falso

5. Doy poder sobre mí a las personas al odiarlas, temerlas o adorarlas.
   ❏ Verdadero
   ❏ Falso

6. Procuro admiración y atención excesivas.
   ❑ Verdadero
   ❑ Falso

7. Me cuesta mucho amarme a mí mismo, cuidarme y moderar mis actividades.
   ❑ Verdadero
   ❑ Falso

8. Tengo síntomas físicos asociados con estrés o problemas emocionales.
   ❑ Verdadero
   ❑ Falso

9. He tenido problemas con adicciones, las cuales he utilizado para aliviar algo de mi dolor emocional.
   ❑ Verdadero
   ❑ Falso

10. Es muy difícil identificar mis sentimientos y necesidades y compartirlos con mi pareja.
    ❑ Verdadero
    ❑ Falso

11. Me cuesta permitirme ser emocionalmente vulnerable ante mi pareja.
    ❑ Verdadero
    ❑ Falso

Conclusiones: si ha contestado positivamente a dos o más de estas preguntas, es posible que tenga algunas dificultades con la codependencia a las que debe prestar atención.

# Rasgos de la relación transformada

La recuperación no sucede de una sola vez. Se produce con el transcurso del tiempo en un intento deliberado de cambiar hábitos destructivos. Sharon Wegsheider-Cruse describe la siguiente lista de rasgos de la relación transformada en su libro titulado *Choicemaking.*[1] Lea la lista y fíjese qué lo describe mejor a usted hoy. Trace algunas metas en lo que respecta a dónde desearía estar.

| **Personas transformadas** | **Personas no transformadas** |
|---|---|
| Resisten la conformidad | Se conforman a los demás |
| Inventan un nuevo estilo de vida | Se comportan como víctimas |
| Tienen una personalidad creativa | Son seguidores |
| Definen sus propias metas | No tienen metas bien definidas |
| Son dirigidas por su yo interno | Son dirigidas por otras personas |
| Creen en su experiencia personal | Creen lo que creen los demás |
| Viven en el presente | Viven en el pasado o el futuro |
| Aceptan el dolor como algo necesario | Se ocultan del dolor |
| Demuestran entereza | Siguen fragmentados |
| Tienen un sistema de valores sólido | Tienen valores contradictorios |
| Son directos y simples | Son confusos y complicados |
| Son decididos | Son indecisos |
| Se sienten libres | Se sienten atascados e impotentes |

# Notas

## Capítulo 1: Perdido mientras crecía

1. Virginia Satir, *Peoplemaking* (Palo Alto, CA: Science and Behavior Books, 1972).

2. Terry Kellogg, *Broken Toys, Broken Dreams: Understanding and Healing Codependency, Compulsive Behavior and Family* (Amherst, MA: BRAT Publishing, 1990), xviii.

3. Sharon Wegscheider-Cruse, citada en Kellogg, *Broken Toys, Broken Dreams*, xviii.

4. Robert Subby, citado en Kellogg, *Broken Toys, Broken Dreams*, xix.

5. David McKirahan, citado en Kellogg, *Broken Toys, Broken Dreams*, xix.

6. Kellogg, *Broken Toys, Broken Dreams*, 2.

7. Robert Subby, *Beyond Codependency* (San Francisco: Harper & Row Publishers, 1989), 16.

8. Melody Beattie, *Codependents' Guide to the Twelve Steps* (New York: Pocket Books, 1985).

9. Robert Hemfelt y Paul Warren, *Kids Who Carry Our Pain: Breaking the Cycle of Codependency for the Next Generation* (Nashville, TN: Thomas Nelson Incorporated, 1990), 51.

10. *Ibíd.*, 59-60.

## Capítulo 2: La personalidad complaciente

1. Anne Wilson Schaef, *Co-Dependence: Misunderstood— Mistreated* (San Francisco: Harper & Row Publishers, 1986), 44-63.

2. *Ibíd.*, 56.

3. Henri Nouwen, *Lifesigns* (New York: Doubleday, 1989), 39, 65.

4. Melody Beattie, *Codependents' Guide to the Twelve Steps* (New York: Prentice Hall Press, 1990), 91.

5. Schaef, *Co-Dependence: Misunderstood— Mistreated*, 61.

6. Don Miguel Ruiz, *The Four Agreements* (San Rafael, CA: Amber-Allen Publishing, 1997).

7. Sharon Wegscheider-Cruse, *Choicemaking* (Pomono Beach, FL: Health Communications, 1985), 2-3.

## Capítulo 3: Perdido en su matrimonio y familia

1. Mary Field Belenky, et al., *Women's Ways of Knowing* (New York: Basic Books, 1986), 46.

2. Kay Marie Porterfield, *Coping with Codependency* (New York: Rosen Publishing Group, Inc., 1991), 6.

3. *Ibíd.*, 9.

4. Robin Norwood, *Women Who Love Too Much* (New York: Pocket Books, 1985), 143.

5. Melody Beattie, *Codependents' Guide to the Twelve Steps* (New York: Prentice Hall Press, 1990), 163.

6. Patricia Evans, *Controlling People* (Avon, MA: Adams Media Corporation, 2002), 51-52.

7. *Ibíd.*, 54.

8. Henry Cloud y John Townsend, *Boundaries* (Grand Rapids, MI: Zondervan Publishing House, 1992).

## Capítulo 4: Cómo crear un matrimonio saludable

1. Citado en Harville Hendrix, *Getting the Love You Want* (New York: Harper Collins Publishers, 1988), 48-49.

2. Susan Peabody, *Addiction to Love* (Berkeley, CA: Celestial Arts, 1994), 37.

3. Kay Marie Porterfield, *Coping with Codependency* (New York: Rosen Publishing Group, Inc., 1991), 118.

4. Larry Crabb, *The Marriage Builder* (Grand Rapids, MI: Zondervan Publishing House, 1982), 20.

5. Henry Cloud y John Townsend, *Boundaries in Marriage* (Grand Rapids, MI: Zondervan Publishing House, 2000), 9.

6. *Ibíd.*, 21.

## Capítulo 5: Hijos controladores

1. Robert Hemfelt, et al., *Love Is a Choice Workbook* (Nashville, TN: Thomas Nelson Publishers, 1991), 22.

2. Robin Norwood, *Women Who Love Too Much* (New York: Pocket Books, 1985), 66.

## Capítulo 6: Cómo crear una familia saludable

1. Sharon Wegscheider-Cruse, *Another Chance* (Palo Alto, CA: Science and Behavior Books, Inc., 1981), 52.

2. *Ibíd.*

3. Dave Carder, *Secrets of Your Family Tree* (Chicago: Moody Press, 1991), 59.

4. Wegscheider-Cruse, *Another Chance*, 51.

5. *Ibíd.*

6. Robert Hemfelt y Paul Warren, *Kids Who Carry Our Pain: Breaking the Cycle of Codependency for the Next Generation* (Nashville, TN: Thomas Nelson Incorporated, 1990),

## Capítulo 7: Perdido en las amistades y en el trabajo

1. Anne Wilson Schaef, *Co-Dependence: Misunderstood—Mistreated* (San Francisco: Harper & Row Publishers, 1986), 53.

2. Robert Hemfelt, et al., *Love Is a Choice* (Nashville, TN: Thomas Nelson Publishers, 1991), 106.

3. *Ibíd.*, 115.

4. *Ibíd.*, 117.

## Capítulo 8: Cómo crear amistades y relaciones laborales saludables

1. Jan Yager, *When Friendship Hurts* (New York: Simon & Schuster, 2002), 54.

2. Sandy Sheehy, *Connecting: The Enduring Power of Female Friendship* (New York: William Morrow, 2000), 78.

3. Ambas citas son de Sheehy, *Connecting*, 80, 85.

4. David Whyte, *Crossing the Unknown Sea* (New York: Riverhead Books, 2001), 60.

5. Fred Rogers, *The World According to Mister Rogers* (New York: Hyperion Books, 2003). Las citas fueron tomadas de las páginas 137, 147 y 184, respectivamente.

## Capítulo 9: Iglesias controladoras

1. Ken Blue, *Healing Spiritual Abuse* (Downers Grove, IL: InterVarsity Press, 1993), 12.

2. David Johnson y Jeff VanVonderen, *The Subtle Power of Spiritual Abuse* (Bloomington, MN: Bethany House Publishers, 1991). Véase además Spiritual Abuse Recovery Resources, www.spiritualabuse.com.

3. Blue, *Healing Spiritual Abuse*, 26.

4. C. S. Lewis, *Reflections on the Psalms* (New York: Harcourt Brace, 1958), 31-32.

5. Patricia Evans, *Controlling People* (Avon, MA: Adams Media Corporation, 2002), 54.

6. Annie Dillard, *Holy the Firm* (New York: HarperCollins Publishers, 1977), 55.

7. *Ibíd.*, 56.

8. Brennan Manning, *The Ragamuffin Gospel* (Portland, OR: Multnomah Press, 1990), 12.

9. *Ibíd.*, 14.

10. *Ibíd.*, 190.

## Capítulo 10: Un nuevo concepto de lo que es ser buen cristiano

1. Elizabeth O'Connor, *Eighth Day of Creation* (Waco, TX: Word Books, 1971), 59.

2. Henry Cloud y John Townsend, *Boundaries* (Grand Rapids, MI: Zondervan Publishing House, 1992), 103-105.

3. Kathleen Norris, *Amazing Grace* (New York: Riverhead Books, 1998), 258.

4. *Ibíd.*, 261.

5. Paul Lynd Escamilla, "Something Bigger than All of Us," *Weavings*, July/August, 1995, 27.

6. O'Connor, 13.

## Capítulo 11: Lo que Dios cree perfecto para usted

1. Joan Anderson, *A Year by the Sea: Thoughts of an Unfinished Woman* (New York: Broadway Books, 1999), 66.

2. Anthony Storr, *Solitude: A Return to the Self* (New York: Ballantine Books, 1988), 32.

3. Lionel Fisher, *Celebrating Time Alone: Stories of Splendid Solitude* (Hillsboro, OR: Beyond Words Publishing, 2001), 28.

4. Thomas Merton, *New Seeds of Contemplation* (New York: New Directions Books, 1961), 1.

5. Citado en Squire Rushnell, *When God Winks* (Hillsboro, OR: Beyond Words Publishing, 2001), 21.

6. *Ibíd.*, xxi.

7. Robert Wicks, *Touching the Holy* (Notre Dame, IN: Ave Maria Press, 1992), 85.

8. Pia Melody, *Facing Love Addiction* (New York: HarperCollins Publishers, 1992), 136-141.

## Apéndice 1: Prueba de codependencia

1. Pia Melody, *Facing Love Addiction* (New York: HarperCollins Publishers, 1992), 3-5.

## Apéndice 2: Rasgos de la relación transformada

1. Sharon Wegscheider-Cruse, *Choicemaking* (Pomono Beach, FL: Health Communications, 1985), 174.

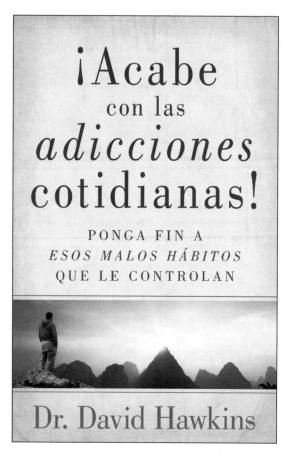

# ¡Acabe con las *adicciones* cotidianas!

## PONGA FIN A *ESOS MALOS HÁBITOS* QUE LE CONTROLAN

### Dr. David Hawkins

Muchas de las personas que parecen vivir en libertad son controladas en secreto por una compulsión. La adicción es un problema que crece rápidamente entre cristianos y no cristianos por igual. Incluso los comportamientos socialmente aceptables, como ir de compras, comer, trabajar, jugar y hacer ejercicio, pueden tomar control de su vida sin darse cuenta. Psicólogo clínico David Hawkins rompe el silencio con esta esclarecedora exposición de las adicciones que controlan a las personas todos los días. El libro está repleto de información práctica que ayudará a los lectores a…

- Reconocer y hablar sobre la adicción en su propia vida o familia
- Entender cómo se convierten las personas en adictos y qué es la adicción
- Romper el ciclo de adicción en los pensamientos y comportamientos
- Crear un estilo de vida más saludable basado en principios bíblicos
- Construir una comunidad de apoyo

**ISBN: 978-0-8254-1295-0**

Disponible en su librería cristiana favorita o en www.portavoz.com

*La editorial de su confianza*

# RESUELVA SUS CONFLICTOS

## CÓMO ESTABLECER
## RELACIONES SALUDABLES

### DR. ALAN GODWIN

Aprenda a evitar los conflictos con los demás y manejar los encuentros difíciles de forma constructiva. No importa cuánto ame, le simpatice o quiera llevarse bien con alguien, tarde o temprano tendrá un desacuerdo con esa persona. Como resultado de años de consejería a individuos y parejas, investigaciones y sabiduría bíblica, Alan Godwin ha elaborado un análisis fácil de entender acerca de los conflictos "buenos" y "malos".

**ISBN: 978-0-8254-1281-9**

Una poderosa guía para superar esas malas actitudes que pueden hacer fracasar tus relaciones personales y profesionales. La autora utiliza ejemplos clásicos y de la vida moderna para ayudar a los lectores a reconocer y superar comportamientos contraproducentes como anticipar el fracaso, despreciar el éxito de los demás, ser indiferente a las necesidades de otros, y criticar la conducta o las elecciones de otras personas.

ISBN: 978-0-8254-1594-4

Disponible en su librería cristiana favorita o en www.portavoz.com

*La editorial de su confianza*

**NANCY LEIGH DEMOSS**

Autora de más venta de *Mentiras que las mujeres creen*

ESCOJA
PERDONAR

SU CAMINO A LA LIBERTAD

Aprenda cómo liberarse de la amargura y el dolor: Escoja perdonar. No hay palabras mágicas o fórmulas secretas para el perdón. Sin embargo, hay principios bíblicos que pueden ayudar a los cristianos a librarse del dolor. La distinguida maestra Nancy Leigh DeMoss ahonda en la Palabra de Dios para descubrir las promesas y exponer los mitos acerca del perdón. Este libro aborda las estrategias para poner la gracia y misericordia de Dios en práctica, para que podamos perdonar a otros como Dios nos ha perdonado a nosotros.

**ISBN: 978-0-8254-1188-5**

Disponible en su librería cristiana favorita o en www.portavoz.com

*La editorial de su confianza*

Reconocido autor y experto en relaciones humanas, el Dr. Gary Chapman nos ofrece útiles "y a veces sorprendentes" perspectivas de por qué usted se enoja, qué puede hacer al respecto y cómo usarlo de una manera constructiva. Incluye una guía de 13 sesiones para fomentar el debate, perfecta para grupos pequeños.

**ISBN: 978-0-8254-1193-9**

Disponible en su librería cristiana favorita o en www.portavoz.com

*La editorial de su confianza*